# Psychologie für Führungskräfte

Dr. Matthias Nöllke

W0059611

# So nutzen Sie dieses Buch

Die folgenden Elemente erleichtern Ihnen die Orientierung im Buch:

## Beispiele

*In diesem Buch finden Sie zahlreiche Beispiele, die die geschilderten Sachverhalte veranschaulichen.*

## Definitionen

*Hier werden Begriffe kurz und prägnant erläutert.*

Die Merkkästen enthalten Empfehlungen und hilfreiche Tipps.

**Auf den Punkt gebracht**

Am Ende jedes Kapitels finden Sie eine kurze Zusammenfassung des behandelten Themas.

# Literaturverzeichnis

▸ Frey, Dieter/ von Rosenstiel, Lutz/ Hoyos, Carl Graf (Hrsg.): Wirtschaftspsychologie, Weinheim/Basel 2005.

▸ Frey, Dieter/Irle, Martin: Theorien der Sozialpsychologie, Bern 2008.

▸ Gigerenzer, Gerd: Bauchentscheidungen, München 2007.

▸ Jonas, Klaus/Stroebe, Wolfgang/ Hewstone, Miles (Hrsg.): Sozialpsychologie, Heidelberg 2007.

▸ Jungermann, Helmut/ Pfister, Hans-Rüdiger/Fischer, Katrin: Psychologie der Entscheidung, 2. Auflage, München 2005.

▸ Kets de Vries, Manfred: Führer, Narren und Hochstapler. Die Psychologie der Führung, 2. Auflage, Stuttgart 2008.

▸ Lehner, Johannes/Ötsch, Walter: Jenseits der Hierarchie, Weinheim 2006.

▸ Nöllke, Matthias: Konflikte mit Kollegen und Chefs, Freiburg 2000.

▸ Nöllke, Matthias: Machtspiele. Die Kunst sich durchzusetzen, Freiburg 2007.

▸ Roth, Gerhard: Persönlichkeit, Entscheidung und Verhalten. Warum es so schwierig ist, sich und andere zu ändern, 5. Auflage, Stuttgart 2008.

▸ Zimbardo, Philip G./Gerrig, Richard J.: Psychologie, 18. aktualisierte Auflage, München 2008.

# Der Autor

Dr. Matthias Nöllke ist Buchautor für Management und Kommunikation. Zu seinen Veröffentlichungen gehören „Management. Was Führungskräfte wissen müssen", „Konflikte mit Kollegen und Chefs", „Machtspiele" und „Von Bienen und Leitwölfen. Strategien der Natur im Business nutzen". Darüber hinaus arbeitet Dr. Nöllke für den Bayerischen Rundfunk und ist Autor zahlreicher Hörfunksendungen wie „Von den Bienen und den Schmetterlingen. Was Sie schon immer über Unternehmensführung wissen wollten", „Einstürzende Sandhaufen. Die einfachen Gesetze der Katastrophen" und „Über Intelligenz: Warum wir alle so klug sein wollen."

Impressum:

Verlag C. H. Beck im Internet: www.beck.de
ISBN: 978-3-406-59357-4
© 2009 Verlag C. H. Beck oHG
Wilhelmstraße 9, 80801 München

Lektorat und DTP: Frank Eschmann
Umschlaggestaltung: Bureau Parapluie, 85253 Großberghofen
Umschlagbild: © Darren Baker - Fotolia.com
Druck und Bindung: Druckerei C. H. Beck, Nördlingen
(Adresse wie Verlag)

Gedruckt auf säurefreiem, alterungsbeständigem Papier
(hergestellt aus chlorfrei gebleichtem Zellstoff)

# Inhalt

# Vorwort

Psychologie ist die Wissenschaft von der Seele des Menschen, seinem Denken, seinen Gefühlen und seinem Verhalten. Eine Führungskraft sollte wissen, wie Menschen „ticken", was sie antreibt und wie sie sich in bestimmten Situationen verhalten. Daher soll in diesem Buch ein kleiner Einblick gewährt werden in psychologische Themen, die auch im Alltag von Führungskräften eine Rolle spielen.

▸ Kleine Charakterkunde: Welche Persönlichkeitstypen gibt es? Wie geht man mit ihnen um? Außerdem beleuchten wir die Frage, was eine Führungspersönlichkeit auszeichnet.

▸ Führungskräfte müssen Entscheidungen treffen. Wir beschäftigen uns mit der Rolle von Gefühlen und Vernunft und erklären psychologische Entscheidungsfallen.

▸ Macht und Dominanz: Führungskräfte brauchen Macht und sollten wissen, wie sie ihren Einfluss zur Geltung bringen können.

▸ Konflikte: Wo Menschen zusammenarbeiten, gibt es Konflikte. Erfahren Sie, wie man Konflikte erkennt und schlichtet.

▸ Psychologie der Gruppe: Was verhindert effektive Gruppenarbeit, was fördert sie?

Wer die psychologischen Hintergründe kennt, ist deshalb noch keine gute Führungskraft. Aber Führungskräfte können psychologisches Wissen in ihrer täglichen Arbeit nutzen.

# Kleine Charakterkunde

Menschen sind sehr verschieden. Jeder hat so seine eigene Art, wie er sich verhält, denkt und urteilt, welche Vorlieben er hegt und worauf er Wert legt. Diese besondere Art, die jemanden kennzeichnet, nennen wir seinen Charakter oder auch seine Persönlichkeit.

Ein Charakter bleibt relativ stabil. Er ist so etwas wie ein Wasserzeichen, das unter ganz verschiedenen Umständen zum Vorschein kommt und das sich durchaus in unterschiedlichen Verhaltensweisen äußern kann. Aber es ist immer wieder dasselbe Muster. Wenn wir über jemanden sagen: „Das ist typisch für ihn!", dann sprechen wir über seinen Charakter.

Für Führungskräfte ist es aus zwei Gründen sehr hilfreich, über die unterschiedlichen Charaktere Bescheid zu wissen:

▸ Wer den Charakter eines Menschen kennt, der vermag oft erstaunlich gut vorherzusagen, wie sich diese Person in einer bestimmten Situation verhalten wird. Häufig besser, als die betreffende Person selbst.

▸ Führungskräfte, die den Charakter ihrer Mitarbeiter zutreffend einschätzen, können besser mit ihnen umgehen, ihre Stärken nutzen und sie besser führen.

# Nehmen Sie's ruhig persönlich: Die *Big Five*

Nun ist der Charakter eines Menschen gar nicht so ohne weiteres zu fassen. Es gibt eine verwirrende Vielfalt an Charakteren und Charakterzügen. Um sich da zurechtzufinden, hat man seit der Antike die unterschiedlichsten Ordnungssysteme und Typisierungen entwickelt. Schon vor zweieinhalbtausend Jahren unterschied der griechische Arzt Hippokrates vier Persönlichkeitstypen, je nachdem, welcher „Körpersaft" bei dem betreffenden Menschen vorherrsche: Der lebhafte Sanguiniker (Blut), der langsame Phlegmatiker (Lymphflüssigkeit), der aufbrausende Choleriker (gelbe Galle) und der schwermütige Melancholiker (schwarze Galle). Diese Einteilung ist alles andere als systematisch und auch die medizinischen Grundannahmen hinsichtlich der Körpersäfte sind schon lange widerlegt. Dennoch sprechen wir noch heute von Cholerikern, Melancholikern und Phlegmatikern und versuchen, uns auf diese unterschiedlichen Temperamente einzustellen.

Auch in der Psychologie existiert eine beeindruckende Vielzahl verschiedenster Ansätze. Darunter dürfte das so genannte „Fünf-Faktoren-Modell der Persönlichkeit" am bekanntesten sein; auch in Fachkreisen gilt es als das bewährte Standardmodell. Weltweit wird es von Psychologen genutzt und einfach nur als *Big Five* bezeichnet.

Um jedoch gleich einem weit verbreitetem Missverständnis vorzubeugen: Die *Big Five* unternehmen nicht den Versuch, alle Menschen in eine von fünf Schubladen zu stecken. Vielmehr bezeichnen die fünf Faktoren unterschiedliche Dimensionen der Persönlichkeit: Jeder Charakter zeigt in jeder Dimension eine ganz eigene Ausprägung, hat mal mehr, mal weniger von der fraglichen Eigenschaft.

Man kann sich das in etwa so vorstellen wie fünf Regler, die auf bestimmte Positionen eingestellt sind und so einen unverwechselbaren Charakter ergeben. Die „großen fünf Faktoren" sind im Einzelnen:

## Emotionale Labilität (Neurotizismus):

*Hohe Ausprägung*: Wer emotional labil ist, gerät seelisch schnell aus dem Gleichgewicht. Er nimmt sich alles zu Herzen, macht sich schnell Sorgen, ist reizbar und leicht verletzbar. Stress im Beruf steht er nur schwer durch. Auf der anderen Seite zeigt er Mitgefühl und kann sich gut in andere einfühlen.

*Niedrige Ausprägung*: Solche Menschen sind emotional stabil, bewahren auch in brenzligen Situationen einen kühlen Kopf und lassen sich nur schwer aus der Fassung bringen.

## Extraversion

*Hohe Ausprägung*: Die betreffende Person fühlt sich wohl, wenn sie im Mittelpunkt steht. Sie sucht die Gesellschaft von anderen, mag Trubel, zeigt sich selbstsicher und gesprächig. Wenn es darauf ankommt, kann sie ihre Interessen gegenüber den anderen durchsetzen.

*Niedrige Ausprägung*: Solche Menschen sind introvertiert, zurückhaltend, gerne allein. Sie beziehen ihre Energie von innen heraus und arbeiten am liebsten konzentriert in aller

Ruhe. Sie bevorzugen kleine Gruppen gegenüber großen. Sie haben aber keineswegs Angst vor ihren Mitmenschen.

## Offenheit für Erfahrungen

*Hohe Ausprägung*: Menschen, die kreativ und fantasievoll sind, erreichen hier hohe Werte. Zudem sind sie wissbegierig, intellektuell und Unbekanntem gegenüber sehr aufgeschlossen. Sie haben keine Scheu, sich über Konventionen hinwegzusetzen.

*Niedrige Ausprägung*: Diese Person hält lieber an Bewährtem fest, scheut das Risiko, fühlt sich durch Veränderungen bedroht.

## Verträglichkeit

*Hohe Ausprägung*: Solche Menschen kümmern sich gerne um andere, sie sind bestrebt, ihnen zu helfen. Sie sind kooperativ, eher nachgiebig und haben ein ausgeprägtes Harmoniebedürfnis.

*Niedrige Ausprägung*: Am anderen Ende der Skala befinden sich stark wettbewerbsorientierte Charaktere. Sie sind auf ihren eigenen Vorteil bedacht, gegenüber anderen misstrauisch und fest entschlossen, für die eigenen Interessen einzutreten.

## Gewissenhaftigkeit

*Hohe Ausprägung*: Menschen, auf die man sich hundertprozentig verlassen kann. Sie handeln pflichtbewusst und mit großer Selbstdisziplin.

*Niedrige Ausprägung*: Im günstigsten Fall handelt es sich um Improvisationstalente, die die Dinge auf sich zukommen lassen. Sie neigen zur Sorglosigkeit und mangelnder Sorgfalt.

Nun gibt es noch weitere Eigenschaften, die einen Charakter auszeichnen: Etwa, ob die Person dominant auftritt oder sich eher unterordnet. Ob sie humorvoll ist oder begeisterungsfähig. Allerdings wird die Sache mit jeder neuen Dimension ein Stück unübersichtlicher. Und so halten wir uns erst einmal an die bewährten *Big Five*.

# Charaktergerecht führen

Alle Führungsaufgaben zielen immer auf die Tätigkeit von anderen. Daher sollten Führungskräfte daran interessiert sein, das Beste aus ihren Mitarbeitern herauszuholen. Doch das ist gar nicht so einfach. Mit den gleichen Worten können Sie den einen Mitarbeiter zu Höchstleistungen anstacheln und den anderen völlig entmutigen. Den einen müssen Sie bremsen, den anderen antreiben. Der eine braucht seine Freiheiten, der andere fühlt sich nur wohl, wenn er detaillierte Anweisungen bekommt.

> Als Führungskräfte erzielen Sie vor allem dann gute Ergebnisse, wenn Sie sich auf den Charakter Ihrer Mitarbeiter einstellen. **!**

Mit dieser Aussage wird man kaum auf Widerspruch stoßen. Und doch mangelt es in der Praxis häufig genau daran: Der Chef pflegt seinen Führungsstil und ist nicht in der Lage, sich auf die Eigenarten der Mitarbeiter einzustellen. Die Folge: Er kommt mit manchen Mitarbeitern gut zurecht, findet leicht einen Draht zu ihnen, während andere ihm schwierig, unfähig oder unmotiviert erscheinen.

Auf diese Weise bleiben viele Fähigkeiten und Talente ungenutzt. Die Mitarbeiter merken, dass sie bei ihrem Chef nicht ankommen, dass er für ihre Eigenarten kein Verständnis hat, ja, dass er sie ablehnt. Keine gute Grundlage für eine gedeihliche Zusammenarbeit.

## Respekt vor der Persönlichkeit

Das bedeutet keineswegs, dass Sie als Führungskraft die Marotten und schlechten Angewohnheiten Ihrer Mitarbeiter tolerieren sollten. Im Gegenteil, Sie dürfen bestimmte Verhaltensweisen nicht durchgehen lassen. Aber die Art und Weise, wie Sie auf Ihren Mitarbeiter einwirken, wie Sie mit ihm umgehen, sollte auf seinen Charakter abgestimmt sein. Erste Voraussetzung dieser „charaktergerechten Führung" ist der Respekt vor der Persönlichkeit Ihres Mitarbeiters.

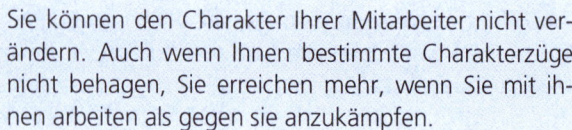

Sie können den Charakter Ihrer Mitarbeiter nicht verändern. Auch wenn Ihnen bestimmte Charakterzüge
nicht behagen, Sie erreichen mehr, wenn Sie mit ihnen arbeiten als gegen sie anzukämpfen.

## Wie Sie emotional labile Menschen führen

In der Hierarchie stehen emotional labile Menschen selten
sehr weit oben. Was ihnen dazu fehlt, das sind die „Neh-
merqualitäten", wie man das im Boxsport nennt. Sie sind
leicht verletzbar und das nutzt die Konkurrenz gelegentlich
gerne aus. Rücken sie einmal auf eine Führungsposition,
können sie sich oft nicht lange behaupten.

Doch unter den Mitarbeitern treffen Sie schon eher auf
Persönlichkeiten, die emotional etwas labil sind. Wie im
Übrigen auch manche externe Spezialisten. Sie sollten nicht
glauben, emotional labile Menschen wären nicht imstande,
Vortreffliches zu leisten. Vor allem mit einer hohen Ausprägung in der fünften Persönlichkeitsdimension, Verläss-
lichkeit, finden sich hier sehr wertvolle Mitarbeiter.

Aber was sie brauchen, das ist Sicherheit, Ermutigung
Anerkennung. Solche Mitarbeiter müssen Sie schützen und
beschirmen. Sonst sind sie den Anforderungen nicht ge-
wachsen und legen sich buchstäblich selbst lahm.

### *Versagen aus Versagensangst*

*Herr Reichender leistet zuverlässig gute Arbeit. Um ihn zu
belohnen, beauftragt ihn sein Chef, Herr Lutterbeck, mit
einem anspruchsvollen Projekt für einen wichtigen Kunden.*

> *Herr Reichender fühlt sich verunsichert, wofür Herr Lutter-*
> *beck kein Verständnis hat. Er macht seinem Mitarbeiter*
> *klar, wie viel von dem Projekt abhängt. Dadurch wird Herr*
> *Reichender noch ängstlicher. Er ist blockiert und scheitert*
> *mit dem Projekt. Als Herr Lutterbeck ihn zur Rede stellt,*
> *fährt er ihn schroff an. Von Furchtsamkeit keine Spur. Diese*
> *Energie hätte Herr Reichender besser in das Projekt ge-*
> *steckt, meint Herr Lutterbeck.*

Solche Fälle sind weit verbreitet: Der Vorgesetzte kann sich nicht in seinen emotional labilen Mitarbeiter hineinverset-zen. Er meint, da der sich durch gute Arbeit empfohlen hat, braucht er „neue Herausforderungen". Dass sein Mit-arbeiter gerade das nicht als Belohnung, sondern als Be-drohung sieht, dafür fehlt ihm jedes Verständnis. Doch trägt der Vorgesetzte in unserem Beispiel ein erhebliches Maß an Verantwortung dafür, dass die Sache schief ge-gangen ist. Als Führungskraft hat Herr Lutterbeck keine gute Figur gemacht.

Dass sein Mitarbeiter ihm gegenüber einen schroffen Ton anschlägt, ist kein Zeichen dafür, dass der sich doch etwas traut. Vielmehr fühlt er sich in die Enge getrieben und reagiert kopflos und verzweifelt. Solche Situationen kön-nen eskalieren – mit unabsehbaren Folgen.

▸ Emotional labile Mitarbeiter dürfen mit schwierigen Aufgaben nicht alleine gelassen werden. Sie müssen wissen: Ich bekomme Unterstützung, wenn ich sie be-nötige.

▸ Geben Sie ihnen Raum, ihre diffusen Selbstzweifel zu äußern. Wischen Sie die nicht einfach beiseite, aber im Dialog können Sie sie relativieren.

▸ Emotional labile Mitarbeiter lassen sich von Kleinigkeiten verunsichern. Schirmen Sie sie gegen Störungen ab.

▸ Wenn Sie von „Herausforderungen" sprechen, dann motiviert das diese Mitarbeiter nicht, sondern es jagt ihnen Angst ein.

▸ Es wäre ein Fehler, solche Mitarbeiter mit Kritik zu verschonen. Doch sollte die Kritik behutsam sein. Sehr hilfreich ist es, wenn Sie den Mitarbeiter auffordern, selbst Kritik zu üben und seine Sicht der Dinge darzulegen. Womöglich geht er mit sich selbst sogar noch härter ins Gericht.

## Extrovertierte und introvertierte Mitarbeiter führen

Ein extrovertierter Mitarbeiter will unter Menschen sein. Es darf, ja, es soll durchaus etwas turbulenter zugehen. Er sprüht vor Energie, geht gern auf andere zu und mag es sehr, sich vor ihnen zu produzieren.

Unter den extrovertierten Charakteren gibt es zwei typische Ausprägungen: Den „verträglichen" und den „wettbewerbsorientierten" Typus. Der verträgliche Extrovertierte kümmert sich sehr stark um die anderen, nimmt Anteil und ist so etwas wie „die gute Seele" der Abteilung. Der wettbewerbsorientierte Extrovertierte will vor allem glänzen und genießt es, wenn er bei den anderen Eindruck macht.

Extrovertierte Mitarbeiter sind eher Tatmenschen als Bedenkenträger. Sie sind umtriebig, kontaktstark, denken geradeaus und nicht um sieben Ecken herum. Außerdem verstehen sie es sehr gut, sich selbst zu verkaufen. Alles

Eigenschaften, die der beruflichen Karriere nicht gerade abträglich sind. Und doch hat die Extraversion auch ihren Preis. Solche Mitarbeiter sind sehr stark auf die Außenwelt bezogen. Das geduldige vor sich Hinwerkeln ist ihre Sache nicht. Sie brauchen immer wieder Impulse von außen. Das setzt ihnen Grenzen.

▸ Weil sie so begabte Selbstdarsteller sind, werden extrovertierte Mitarbeiter häufig überschätzt. Gerade bei anspruchsvollen Aufgaben sollten Sie genau prüfen, wie kompetent Ihr extrovertierter Mitarbeiter wirklich ist.

▸ Bei einer langwierigen Aufgabe verlieren extrovertierte Mitarbeiter schnell die Geduld. Sie ertragen es nur schwer, länger auf sich allein gestellt zu sein.

▸ Extrovertierte Mitarbeiter schießen gelegentlich über das Ziel hinaus. Daher muss man sie hin und wieder bremsen.

▸ Extrovertierte legen viel Wert auf Anerkennung. Sie mögen es, vor anderen gelobt zu werden.

▸ Geeignete Aufgaben für extrovertierte Mitarbeiter sind abwechslungsreich und sollten möglichst viel mit anderen Menschen zu tun haben.

Wo die extrovertierten Mitarbeiter ihre Schwachpunkte haben, da liegen bei den introvertierten Charakteren ihre Stärken. Sie schöpfen ihre Energie von innen heraus, sind konzentrierter bei der Sache und stehen auch längere Phasen durch, in denen sie auf sich allein gestellt sind.

Introvertierte sind die geborenen Tüftler und Bastler, die ungestört vor sich hinwerkeln. Experten und Wissenschaftler, alle, die sich lange in ein Thema hinein vertiefen und

„dicke Bretter bohren" müssen, profitieren von einem Mindestmaß an Introvertiertheit.

Dabei haben es Introvertierte im Berufsleben nicht leicht. Zwar werden sie als verlässliche Mitarbeiter geschätzt, oft aber auch unterschätzt. Sie können sich nicht gut darstellen, sind eher schüchtern und mögen es nicht, im Mittelpunkt zu stehen. Also werden sie von extrovertierteren Naturen an den Rand gedrängt.

Vor allem bei der Teamarbeit geschieht dies fast zwangsläufig. Darum steht Teamarbeit bei ihnen nicht so hoch im Kurs. Ausnahme: In einem kleinen Team von Fachleuten fühlen sich Introvertierte ausgesprochen wohl.

▸ Betrachten Sie Introvertiertheit nicht als Defizit, das der Mitarbeiter überwinden sollte. Vielmehr liegen gerade hier seine Stärken, die Sie fördern können: Lassen Sie ihn einfach introvertiert sein.

▸ Werten Sie Einzelarbeit gegenüber Teamarbeit nicht ab. Erlauben Sie dem Mitarbeiter, sich aus einer Gruppe zurückzuziehen, um alleine weiterzukommen.

▸ Unterschätzen Sie introvertierte Mitarbeiter nicht. Übertragen Sie ihnen anspruchsvolle Aufgaben, die sie alleine bewältigen und sich eigenverantwortlich organisieren können.

▸ Schützen Sie introvertierte Mitarbeiter davor, an den Rand gedrängt zu werden. Fragen Sie gezielt nach ihrer Meinung. Holen Sie sich bei ihnen Rat, wenn es um ihr Fachgebiet geht.

▸ Anerkennung und Kritik sollte stets unter vier Augen geäußert werden. Introvertierten ist es oftmals peinlich, vor den Kollegen mit Lob überschüttet zu werden.

## Kreative und risikoscheue Mitarbeiter führen

Neugierde, Experimentierlust und Kreativität stehen hoch im Kurs. Glückwunsch, wenn Sie solche Mitarbeiter haben. Doch in der Praxis gibt es oftmals Probleme, die kreativen Köpfe zu führen. Der Grund: Sie fügen sich nicht so gerne in vorgegebene Abläufe ein. Routineaufgaben sind ihnen ein Gräuel. Und sie neigen dazu, von den Vorgaben ihres Chefs nach eigenem Gutdünken abzuweichen.

Das können Sie ihnen nicht immer durchgehen lassen. Aber Sie sollten sich darüber im Klaren sein: Solche Mitarbeiter fühlen sich am wohlsten, wenn man sie „an der langen Leine laufen" lässt. Dann erbringen sie auch die besten Leistungen. Ein bisschen Abweichung und Freiheit sollten Sie diesen Mitarbeitern gestatten. Allerdings ist das leichter gesagt, als getan. Je nach Branche, Abteilung und Organisation sind die Freiheiten, die Sie gewähren können, sehr stark begrenzt. Und es kommt noch etwas hinzu: Dass die Mitarbeiter so neugierig und experimentierfreudig sind, garantiert keineswegs ihren Erfolg, verursacht aber oft nicht geringe Kosten. Daher sind die Vorgesetzten immer wieder gezwungen, als Spielverderber aufzutreten und die Kreativen zu disziplinieren.

### Ferdinand Porsche

*Der geniale Autokonstrukteur Ferdinand Porsche entwickelte nicht nur den Käfer, er erfand den Allradantrieb, das*

*Hybridauto und vieles mehr. Er war seiner Zeit weit voraus und interessierte sich nicht im Geringsten dafür, ob sich seine Erfindungen gewinnbringend verkaufen ließen. Seine ersten Arbeitgeber hat er an den Rand des Ruins gebracht.*

Nun steckt nicht in jedem experimentierfreudigen Mitarbeiter ein zweiter Ferdinand Porsche. Und doch brauchen diese Mitarbeiter so viel Freiraum, wie eben möglich ist.

▸ Geben Sie diesen Mitarbeitern spannende, abwechslungsreiche Aufgaben. Das betrachten sie als Belohnung und werden ihr Bestes geben.

▸ Nehmen Sie die kreativen Mitarbeiter in die Verantwortung. Geben Sie ihnen einen Vertrauensvorschuss, aber die Freiheiten, die sie beanspruchen, müssen sie sich durch Leistung verdienen.

▸ Allerdings muss Ihnen klar sein: Auf Druck von außen reagieren diese Mitarbeiter allergisch.

▸ Entlasten Sie diese Mitarbeiter möglichst von Routinearbeiten. Wenn das nicht möglich ist: Geben Sie ihnen eine „Spielwiese", auf der sie sich kreativ austoben können.

▸ Die Mischung macht's: Zu viele kreative Köpfe sind eine ungeheure Belastung für jede Abteilung. Sie brauchen eben auch Mitarbeiter, die ganz unkreativ sind und mit Fleiß und Beharrlichkeit das tun, was getan werden muss.

Und damit sind wir am anderen Ende der Skala, bei denen, die jede Veränderung als Bedrohung empfinden und nicht einen Millimeter von ihren Vorgaben abweichen, im Extremfall auch dann, wenn Sie sich offensichtlich geirrt haben.

Diese ängstlichen, risikoscheuen, manchmal etwas bornierten Mitarbeiter stehen offiziell nicht gerade hoch im Kurs. Daran gemessen bekommen Sie es in Organisationen recht häufig mit diesem Menschenschlag zu tun. Was auch daran liegt, dass Organisationen eben das bieten, was diesen Menschen besonders wichtig ist: Sicherheit.

Aber es wäre grundfalsch, auf diese Mitarbeiter verzichten zu wollen. Sie haben Qualitäten, die den anderen fehlen und die Sie womöglich gut gebrauchen können: Sie erledigen mit Vorliebe Routinearbeiten, bei denen nichts schiefgehen kann. Das, was den Kreativen ein Gräuel ist, bereitet ihnen Vergnügen. Womit sie verschont werden wollen, das sind Aufgaben, die man nicht überblicken kann, bei denen beherzte eigene Entscheidungen gefragt sind.

▸ Risikoscheue Mitarbeiter mögen vertraute Aufgaben, bei denen wenig schiefgehen kann.

▸ Je präziser und enger Ihre Vorgaben sind, umso wohler fühlt sich Ihr Mitarbeiter.

▸ Eine fordernde, anspruchsvolle und nicht klar vorstrukturierte Aufgabe ist für ihn keine Belohnung, sondern die Höchststrafe.

▸ Es ist fatal, wenn Sie die risikoscheuen Mitarbeiter die Ideen der Kreativen bewerten lassen, um sie zu „erden". Machen Sie sich klar: Risikoscheue Mitarbeiter mögen grundsätzlich keine neuen Ideen.

▸ Zollen Sie den Mitarbeitern von Zeit zu Zeit Anerkennung, wenn sie zuverlässig ihre Aufgaben erledigen. Das stärkt ihre Loyalität. Und loyale Mitarbeiter sind viel wert.

## Verträgliche und wettbewerbsorientierte Mitarbeiter führen

Dreimal dürfen Sie raten, wer in Unternehmen eher Karriere macht: Die harmoniesüchtigen, verträglichen Mitarbeiter oder ihre selbstbezogenen Kollegen, die hinter jeder Aufgabe die Chance wittern, mögliche Konkurrenten auszustechen? Harmoniebedürftigkeit ist ein starkes Karrierehindernis, während diejenigen, die vorwiegend am eigenen Vorwärtskommen interessiert sind, tatsächlich eher vorankommen.

Als Führungskraft haben Sie mit beiden Charakterzügen zu tun. Und während Sie die verträglichen Mitarbeiter schützen müssen, sollte Ihr Bestreben bei den wettbewerbsorientierten Mitarbeitern sein, deren Eigennutz in den Dienst der Sache zu stellen. Menschen, die vorwiegend am eigenen Fortkommen interessiert sind, mögen nicht besonders sympathisch sein. Doch sie sind imstande, Vortreffliches zu leisten – solange sie sich davon versprechen, voranzukommen.

▸ Verträgliche Mitarbeiter sind geeignet, Gruppen und Teams zusammenzuhalten. Sogar, wenn sie fachlich wenig beitragen können, sorgen sie für eine angenehme und konstruktive Arbeitsatmosphäre.

▸ Verträgliche Mitarbeiter neigen zu Kompromisslösungen und geben nach, auch wenn sie im Recht sind. Gelegentlich müssen Sie ihnen beispringen, damit sie sich gegenüber rigorosen Widersachern durchsetzen können.

▸ Es ist fatal, wenn Sie eine Konkurrenzsituation herstellen zwischen verträglichen und wettbewerbsorientieren Mitarbeitern – in der Erwartung, die „bessere Lösung" werde sich durchsetzen. Die verträglichen ziehen grundsätzlich den Kürzeren. Denn sie sind vornehmlich an der Harmonie interessiert und ertragen es nicht, wenn es Unstimmigkeiten gibt.

Wettbewerbsorientierte Mitarbeiter sind bei den Kollegen nicht besonders beliebt. Das wird zwar gerne bemäntelt, doch ist es so. Und es muss überhaupt kein Nachteil sein, solche Mitarbeiter zu haben. Sie können sie für sich einspannen, um wenig populäre Maßnahmen durchzusetzen. Diese Mitarbeiter haben keine Scheu, sich unbeliebt zu machen – solange sie sich davon Vorteile versprechen. Kooperation, Loyalität und Einvernehmen betrachten die wettbewerbsorientierten Mitarbeiter vornehmlich unter taktischen Gesichtspunkten.

▸ Wettbewerbsorientierte Mitarbeiter wollen sich auszeichnen. Sie lieben Aufgaben, bei denen sie zeigen können, dass sie besser sind als andere.

▸ Als Vorgesetzter können Sie solche Mitarbeiter vor allem dadurch in die gewünschte Richtung lenken, dass Sie durchblicken lassen: Wer dieses Ergebnis erreicht, gewinnt meine Anerkennung.

▸ Es müssen sich keineswegs handfeste Vorteile ergeben. Einem wettbewerbsorientieren Mitarbeiter genügt es, wenn er als erster über irgendeine Ziellinie läuft. Daher

besteht Ihre Aufgabe vor allem darin, Ziellinien zu zeichnen, also fordernde Vorgaben zu machen.

▸ Einem solchen Mitarbeiter die Gruppenleitung zu über-
tragen ist problematisch. Er kann aber ein wertvolles
Gruppenmitglied sein, wenn es darum geht, „seinem
Team" zum Erfolg zu verhelfen.

## Gewissenhafte und nachlässige Mitarbeiter führen

Um es deutlich zu sagen: Gewissenhafte Mitarbeiter sind
ein Gewinn, nachlässige Mitarbeiter sind ein Problem.
Sogar, wenn die nachlässigen Mitarbeiter über besondere
Qualitäten verfügen, sich Fachwissen angeeignet haben,
ein gewinnendes Wesen haben – früher oder später bekommen Sie Scherereien mit ihnen..

Sie können sich auf einen solchen Mitarbeiter nicht verlassen, ihm nicht vertrauen. Und das erschwert Ihre Arbeit als
Führungskraft ganz erheblich. Von einem Mitarbeiter mit
einer starken Ausprägung dieses Persönlichkeitsmerkmals
sollten Sie sich nach Möglichkeit trennen. Er ist eine Belastung für jeden, der mit ihm zusammenarbeiten muss. Doch
häufig ist dieser Charakterzug nicht ganz so vorherrschend
und gepaart mit eher angenehmeren Eigenschaften. In
diesem Fall müssen Sie sich mit dem Betreffenden arrangieren und sollten die folgenden Punkte beherzigen:

▸ Übertragen Sie einem solchen Mitarbeiter einfache, klar
strukturierte Aufgaben, deren Ergebnisse sich sofort
kontrollieren lassen.

▸ Planen Sie einen zeitlichen Puffer ein. Machen Sie sich
von dem Arbeitsergebnis nicht allzu abhängig.

▸ Halten Sie jemanden in der Hinterhand, der die Aufgabe zur Not übernehmen könnte.

▸ Kontrollieren Sie die Arbeitsergebnisse. Geben Sie sofort Feedback – positiv und negativ.

▸ Kündigen Sie unmissverständlich Konsequenzen an für den Fall, dass der Mitarbeiter Sie und seine Kollegen hängen lässt.

Bei gewissenhaften Mitarbeitern wäre ein solcher Führungsstil völlig kontraproduktiv. Er würde das Vertrauen unterhöhlen, das diese Mitarbeiter verdienen – und von dem Sie als Führungskraft erheblich profitieren. Wenn Sie sich auf einen Mitarbeiter verlassen können, dann entlastet Sie das von Kontrollaufgaben. Sie können besser planen und Ihrem Mitarbeiter verantwortungsvolle Aufgaben übertragen. Das sollten Sie auch tun. Denn dadurch fühlt er seine Arbeit aufgewertet und anerkannt. Und er wird bereit sein, sich noch stärker zu engagieren.

Und doch gibt es auch hier eine ganze Reihe von Gefahren, die es für Sie als Führungskraft zu meistern gilt. So fühlen sich viele Mitarbeiter, die ihre Aufgaben besonders gewissenhaft erledigen, nicht genügend anerkannt. Ihr Engagement wird stillschweigend hingenommen und nicht im Geringsten gewürdigt. Kollegen, die es sich einfacher machen, bekommen das gleiche Maß oder sogar noch mehr Anerkennung, weil diese schneller, aber eben auch flüchtiger arbeiten als sie. Ihre Enttäuschung kann dazu führen, dass sie ihr Engagement zurückfahren oder ganz einstellen.

In anderen Fällen weiß die Führungskraft nur allzu gut, was sie an dem gewissenhaften Mitarbeiter hat.

Allerdings bekommt er mehr und mehr aufgeladen. Gerade, weil man sich so hundertprozentig auf ihn verlassen kann, setzt der Chef immer wieder seine bewährte „Allzweckwaffe" ein. Das führt zur Arbeitsüberlastung und kann gerade gewissenhafte Mitarbeiter ausbrennen lassen.

Und schließlich fühlen sich manche dieser Mitarbeiter von ihrem Vorgesetzten auch allein gelassen. Sie möchten sich gerne rückversichern, Entscheidungen absegnen lassen und können ihren Vorgesetzten nicht erreichen. So etwas kann sie regelrecht zermürben. Denn sie machen es sich eben nicht einfach; es fehlt ihnen die Sorglosigkeit, die am anderen Ende der Skala im Übermaß vorhanden ist.

Viele Vorgesetzte haben für dieses übervorsichtige Verhalten kein Verständnis. Sie wollen nicht mit jeder Kleinigkeit behelligt werden. Das ist im Prinzip auch richtig. Nur sollten Sie wissen, wie Ihr gewissenhafter Mitarbeiter denkt. Finden Sie eine Lösung und wischen Sie seine Bedenken nicht einfach vom Tisch.

▸ Verantwortungsvolle Aufgaben sollten Sie nur Mitarbeitern übertragen, die über ein Mindestmaß an Gewissenhaftigkeit verfügen.

▸ Gewissenhafte Mitarbeiter brauchen Anerkennung und Verständnis für das, was sie zusätzlich leisten.

▸ Gewissenhafte Mitarbeiter empfinden es als Auszeichnung, wenn sie verantwortungsvolle Aufgaben übernehmen dürfen. Und als Zurücksetzung, wenn jemand damit beauftragt wird, der weniger sorgfältig arbeitet.

▸ Gewissenhafte Mitarbeiter können Sie „an der langen Leine laufen" lassen. Doch sollten Sie für alle Fälle immer erreichbar sein und am Ende immer das Ergebnis würdigen.

▸ Nehmen Sie gewissenhaften Mitarbeitern die Angst, sie könnten einen Fehler machen. Geben Sie das Maß vor, wenn Ihr Mitarbeiter zur Übervorsicht neigt.

# Was zeichnet eine Führungspersönlichkeit aus?

Durchmustert man die gängige Managementliteratur, so zeichnen sich gute Führungskräfte durch eine ganze Reihe positiver Eigenschaften aus: Sie sind willensstark, optimistisch, ausgeglichen, fair, stressresistent, moralisch integer, können logisch denken, haben Charisma, taktisches Geschick, Humor, Intuition, Einfühlungsvermögen, sind zuverlässig, flexibel und diszipliniert. Außerdem verfügen sie über tadellose Umgangsformen, sind stets geschmackvoll gekleidet und führen ein harmonisches Privatleben.

Solche völlig überzogenen Charakterisierungen sind aus mehreren Gründen problematisch, wie wir gleich sehen werden. Mit der Wirklichkeit haben sie nichts zu tun. Solche perfekten Menschen gibt es nicht. Aber dass Führungskräfte zu solchen grandiosen Lichtgestalten stilisiert werden (und stilisiert werden wollen), ist genau das Problem.

## Sind Führungskräfte Narzissten?

Vor allem der niederländische Managementberater und Psychoanalytiker Manfred Kets de Vries hat auf den Zusammenhang von Narzissmus und dem Streben nach einer Führungsposition aufmerksam gemacht. Demnach gelangen vor allem solche Menschen in höhere Führungspositionen, die narzisstische Tendenzen haben. Zahlreiche Forschungsarbeiten haben diesen Befund bestätigt.

Diese Menschen streben Macht und Einfluss an, wollen glänzen und bewundert werden, um ein „narzisstisches Defizit" oder eine „narzisstische Kränkung" auszugleichen, die ihnen üblicherweise in der frühen Kindheit zugefügt wurde. Narzissten verfügen über ein geringes Selbstwertgefühl. Das versuchen sie zu überspielen, indem sie sich mit einer Gloriole von Großartigkeit umgeben.

Typisch für einen Narzissten ist der eklatante Mangel an Einfühlungsvermögen. Seine Mitmenschen lassen ihn im Grunde völlig kalt. Das Einzige, woran er interessiert ist: Er möchte bewundert werden. Auf Kritik reagiert er überempfindlich. Erfolg von anderen ruft seinen Neid hervor. Konkurrenten werden mit allen Mitteln bekämpft.

Das sind nun wahrlich nicht die Charaktereigenschaften, die Führungskräfte haben sollten. Und doch ist der Hinweis auf den Narzissmus aus drei Gründen nützlich.

▸ Narzisstische Tendenzen sind für Führungskräfte nicht nur negativ; eine milde Form von Narzissmus kann für Mitarbeiter und Organisation sogar hilfreich sein.

▸ Die destruktiven Tendenzen des Narzissmus stellen eine Gefahr dar. Für die Organisation, aber auch für die Führungspersönlichkeit.

▸ Gerade wenn Sie selbst wenig zum Narzissmus neigen, so müssen Sie vielfach mit narzisstischen Menschen um

Führungspositionen konkurrieren. Gut zu wissen, wie die ticken.

## Zu viel Empathie schadet nur

Mitgefühl oder Empathie ist eine wertvolle Eigenschaft. Sie verbindet uns mit unseren Mitmenschen und sorgt dafür, dass wir uns um einander sorgen. Allerdings ist ein Übermaß an Empathie für Führungskräfte keineswegs hilfreich. Im Gegenteil, der Fall ist gar nicht selten, dass Führungskräfte daran regelrecht zerbrechen, wenn sie sich zu stark um ihre Mitarbeiter sorgen.

Wohlverstanden: Es ist ein sehr sympathischer Zug, dass Führungskräfte am Wohlergehen ihrer Mitarbeiter Anteil nehmen. Nur kann sich das auch hinderlich auf die Tätigkeit einer Führungskraft auswirken. Wer tatsächlich „mitleidet", der leidet eben. Gerade wenn er seinen Mitarbeitern sehr viel abverlangen und zumuten muss, geht ihm das nahe. Dann befindet er sich in einer sehr schwachen Position und wird nicht selten überspielt. Oder er wirft von alleine das Handtuch, weil er sich das nicht länger zumuten möchte. Mit ein wenig Narzissmus und Unempfindlichkeit tut man sich da ohne Zweifel leichter.

## Die Vorteile der Eitelkeit

Der Wunsch zu glanzen und bewundert zu werden kann auch Positives bewirken: Einmal spornt es die Betreffenden an, sich zu engagieren und Außergewöhnliches zu leisten. Ihr Narzissmus gibt ihnen erst die Energie, sich derartig für ihre Ziele einzusetzen. Gerade wenn es um hohe, sehr

anspruchsvolle Ziele geht, kann ein milder Narzissmus hilfreich sein.

Dann aber kommt derjenige, der sich zum Helden stilisiert,
auch einem Bedürfnis der anderen entgegen, die er führen
soll. Er will Erfolge, große Erfolge und ist daher in der Lage,
die anderen mitzureißen und ihnen ebenfalls ein Gefühl
von Bedeutsamkeit zu geben.

Allerdings gibt es zwei Voraussetzungen, damit der Narzissmus der Führungskräfte tatsächlich positive Auswirkungen hat:

▸ Die Ziele müssen im Sinne der Organisation sein.

▸ Der Narzissmus selbst muss milde und sozialverträglich
  bleiben.

Der Organisationspsychologe Johannes Steyrer spricht in
diesem Zusammenhang von einem „konstruktiven" Narzissmus, den er von der destruktiven Variante deutlich
abgrenzt. Der konstruktive Narzissmus lässt sich für die
gute Sache einspannen, während destruktiver Narzissmus
zerstörerisch wirkt.

## Vorsicht, Narzissmus!

Die starke oder destruktive Form des Narzissmus ist hoch-
gefährlich. Er schädigt Mitarbeiter, zerstört Vertrauen und
kann die Organisation zugrunde richten. Der Narzisst fühlt
sich als Ausnahmewesen, für den die Spielregeln nicht
gelten. Er manipuliert die anderen, nutzt sie für seine Zwe-
cke aus, ohne die geringsten Bedenken. Konkurrenten und
Kritiker verfolgt er mit Rachsucht. Er kann es nicht vertra-
gen, in seiner Selbstherrlichkeit angegriffen zu werden.

Bekleidet er eine hohe Position, so genügt es schon, ihm nicht genügend Ehrerbietung zu erweisen, um ihn gegen sich aufzubringen.

Der Organisationspsychologe Johannes Steyrer bringt die narzisstische Einstellung zu den Mitarbeitern auf die folgende Formel: „Entweder du bist so, wie ich dich haben will. Oder du hörst auf zu existieren." Der narzisstische Vorgesetzte duldet keinen Widerspruch. Früher oder später hat er alle Widersacher und unabhängigen Köpfe aus seiner Umgebung verdrängt. Auf diese Weise kann ein Narzisst an der Spitze einer Organisation für einen wahren „drain brain" sorgen, für den Abfluss aller Talente – hin zur Konkurrenz.

Dabei wissen Narzissten ihre Mitmenschen durchaus für sich einzunehmen. Sie gerieren sich als starke Führungsfiguren, als strahlende Siegertypen. Wie destruktiv diese Charaktere sind, das zeigt sich erst, wenn sie bereits erheblichen Schaden angerichtet haben.

## Mit Narzissten umgehen

Befinden Sie sich in der Situation, mit einem Narzissten umzugehen, kann Ihnen nur der Rat gegeben werden: Stellen Sie seine Selbstherrlichkeit nicht in Frage. Es sei denn, Sie legen Wert darauf, ihn sich zum Feind zu machen.

▸ Seien Sie nicht zu vertrauensselig. Wenn er irgendetwas gegen Sie in der Hand hat, wird er nicht davor zurückschrecken, es gegen Sie einzusetzen.

▸ Vorsicht bei Kooperationen. Der Narzisst wird Ihnen so lange helfen, wie es seinem Vorteil dient. Und Sie anschließend fallen lassen.

▸ Gegenüber einem Narzissten sollten Sie auf keinen Fall mit eigenen Verdiensten auftrumpfen. Das bringt ihn nur gegen Sie auf. Vor allem, wenn der Eindruck entstehen könnte, Sie seien erfolgreicher als er.

▸ Gehen Sie einem Narzissten nach Möglichkeit aus dem Weg. Machen Sie ihn nicht zu Ihrem Verbündeten oder zu Ihrem Mentor, sondern suchen Sie sich eher Verbündete, um seinen Einfluss zu begrenzen.

## Die beiden Kerneigenschaften erfolgreicher Führungskräfte

Um es deutlich zu sagen: Als gute Führungskraft *brauchen* Sie überhaupt keinen Narzissmus. Auch wenn Ihr Auftreten dann ein wenig glanzloser ausfällt. Aber darauf kommt es auch nicht an. Führungskräfte können charakterlich sehr unterschiedlich sein und dennoch ihre Aufgabe hervorragend erfüllen. Das heißt aber nicht, dass alle Menschen gleich gut geeignet wären, Führungsaufgaben zu übernehmen. Wenn es auch schwierig ist, die persönlichen Eigenschaften erfolgreicher Führungskräfte auf einen Nenner zu bringen, so lassen sich doch zwei Faktoren herauspräparieren:

▸ Erfolgreiche Führungskräfte können gut mit Menschen umgehen.

▸ Erfolgreiche Führungskräfte denken ergebnisorientiert.

## Der Umgang mit Menschen

Führungskräfte haben es immer mit Menschen zu tun. Fällt es ihnen schwer, mit ihnen umzugehen, bekommen sie große Probleme. Es ist eben nicht die fachliche Kompetenz, die Führungskräfte qualifiziert, sondern ausschließlich ihre Fähigkeit, andere dazu zu veranlassen, eine bestimmte Leistung zu erbringen.

Gut mit Menschen umzugehen, bedeutet keineswegs, besonders beliebt zu sein. Auch Führungskräfte, die konsequent nach dem Prinzip verfahren „hart, aber fair", können auf ihre Weise gut mit Menschen umgehen. Dabei ist es die Fairness, auf die es ganz besonders ankommt. Gut mit Menschen umzugehen, ohne fair zu sein, das ist kaum vorstellbar.

Hingegen ist es nicht unbedingt erforderlich, besonders kommunikativ zu sein. Das kann die Arbeit zwar erleichtern, eine zwingende Voraussetzung, um andere erfolgreich zu führen, ist das jedoch nicht. Auch introvertierte, verschlossene Charaktere können sehr gute Führungskräfte sein.

Worauf es ankommt, das ist ein souveräner Umgang mit Menschen, mit den Mitarbeitern, aber auch mit Kunden und Vorgesetzten. Führungskräfte sollten wissen, wie sie die anderen „zu nehmen" haben, welche Fähigkeiten sie haben, welche Schwächen und so weiter. Darauf stellen sie sich ein und erreichen so ihr Ziel.

## Ergebnisorientiertes Denken

Der zweite Erfolgsfaktor heißt, sein Ziel nicht aus den Augen zu verlieren. Führungskräfte müssen alles dafür tun, dass am Ende ein gutes Ergebnis herauskommt. Bei allem, was sie planen und unternehmen, müssen sie im Auge behalten, wie zielführend das ist.

Zum ergebnisorientierten Denken gehört:

▸ Eine realistische Einschätzung, was überhaupt möglich ist, die Kenntnis von Grenzen, aber auch das Aufspüren von Chancen.

▸ Das Verständnis für zeitliche Abläufe und das Erkennen von Wirkungszusammenhängen.

▸ Eine konstruktive (nicht „positive") Grundhaltung gegenüber Problemen.

▸ Ein verantwortungsvoller Umgang mit dem Risiko, weder Ängstlichkeit noch Tollkühnheit, sondern rationale Folgenabschätzung.

Eine pragmatische Ergebnisorientierung ist wesentlich nutzbringender als die oft beschworene „positive Einstellung", hinter der sich oft genug nur ein selbstverordneter Zwangsoptimismus verbirgt.

**Auf den Punkt gebracht**

Jeder Mitarbeiter hat seinen ganz eigenen Charakter. Den können Sie als Führungskraft nicht verändern. Fördern Sie die jeweiligen Stärken und berücksichtigen Sie die Schwächen.

Unter Führungskräften gibt es einen Hang zum Narzissmus. Die milde Form kann nützlich sein, die starke Form ist zerstörerisch. Führungskräfte sollten gut mit Menschen umgehen können und ergebnisorientiert denken.

# Die Psychologie der Entscheidung

Führungskräfte sind Entscheider. Jeden Tag müssen sie eine Vielzahl von Entscheidungen treffen, für sich selbst, aber auch für andere, die ihre Entscheidungen umsetzen sollen. Die kognitive Psychologie beschäftigt sich mit den Grundlagen unseres Denkens und untersucht dabei auch, wie wir zu Entscheidungen gelangen. Der Befund: Im täglichen Leben werden Entscheidungen häufig ganz anders getroffen, als viele annehmen. Und eine ganze Reihe von Annahmen darüber, wie man „gute Entscheidungen" trifft, muss revidiert werden.

## Der Mythos vom rationalen Entscheiden

Einer weit verbreiteten Annahme zufolge sollten wir unsere Entscheidungen möglichst rational treffen. Das heißt, methodisch, begründbar und ohne Beimengung von Gefühl. Denn dadurch kommt Willkür in den Entscheidungsprozess. Und Willkür soll gerade vermieden werden.

Das Ideal einer streng rationalen Entscheidung sieht so aus, die Entscheidung in einem klar strukturierten Prozess systematisch herbeizuführen. Ganz so, wie man eine mathematische Gleichung auflöst. Wendet man die Methode richtig an, erhält man das richtige Ergebnis – unabhängig von der Person desjenigen, der die Berechnung anstellt.

Allerdings hat die Entscheidungsforschung zweierlei gezeigt:

▸ Entscheidungen werden so gut wie nie in dieser streng rationalen Art und Weise „ausgerechnet".

▸ Die Anwendung von rationalen Entscheidungsmethoden führt häufig zu schlechten Ergebnissen.

Dabei sollte von vornherein ein Missverständnis vermieden werden: Rationalität, vernunftgeleitetes Abwägen und Argumentieren hat im Entscheidungsprozess sehr wohl seinen Platz. Wie wir noch sehen werden, haben Entscheidungen „aus dem Bauch heraus" eine ganze Reihe von eklatanten Schwächen. Und doch bleibt es dabei: Wir Menschen treffen unsere Entscheidungen nicht nach streng rationalen Methoden. Und das hat seinen Grund.

## Ausschlaggebend ist immer das Gefühl

Entscheidungen, von denen viel abhängt, treffen wir nicht leichtfertig. Wir holen Informationen ein, wägen die Argumente ab, besprechen uns mit anderen, denen wir vertrauen. Aber am Ende gibt immer das Gefühl den Ausschlag. Der Grund: Es ist unser Gefühl, das auf alle Erlebnisinhalte einen Bewertungsstempel aufprägt.

Das heißt, wenn Sie sich für eine Alternative entscheiden, die Ihnen plausibel und durchdacht erscheint, so tun Sie das, weil Sie ein gutes Gefühl dabei haben. Gefühle ermöglichen Entscheidungen, Gefühle sorgen für Eindeutigkeit, auch in Situationen, die wir nicht vollständig überblicken können – und das sind für Führungskräfte ja nun gerade die relevanten Entscheidungssituationen.

Welche überragende Rolle die Emotionen für die Entscheidungsfähigkeit spielen, zeigen Untersuchungen des Neurologen Antonio Damasio. Er berichtet von Patienten, deren Intelligenz und Fähigkeit zu vernünftigen Schlussfolgerungen nicht im Mindesten beeinträchtigt waren, die aber ihre Fähigkeit zur emotionalen Bewertung verloren hatten. Diese Menschen waren buchstäblich entscheidungsunfähig und nicht einmal imstande, ein Gericht von einer Speisekarte auszuwählen.

Wir brauchen für jede Entscheidung die Bewertung durch unsere Emotionen. Es ist tatsächlich von Belang, wie sich eine Entscheidung „anfühlt" und ob wir ein „gutes Gefühl" dabei haben. Zwar kann uns auch ein „gutes Gefühl" in die Irre führen, wie wir noch sehen werden. Doch alle Versuche, die vermeintlich irrationalen Gefühle auszuschalten, führen häufig zu verheerenden Ergebnissen.

Entscheidungen, für die wir „kein Gefühl" haben, treffen wir unbeteiligt, fast ein wenig willkürlich. Die Entscheidung hat nicht viel mit uns und unseren Wertvorstellungen zu tun. Es ist eine Entscheidung, die von außen kommt, die auf uns ein wenig künstlich wirkt. Und im Ergebnis sind solche Entscheidungen auch selten gut. Denn in den Gefühlen, die wir bei einer bestimmten Entscheidung haben, steckt unsere ganze Erfahrung – auch wenn wir sie nicht in Worte fassen können.

## Warum komplexe Verfahren komplexe Entscheidungen noch verschlechtern

Führungskräfte müssen immer wieder Entscheidungen treffen, deren Auswirkungen sie nur sehr eingeschränkt überblicken können. Wer weiß schon, wie Kunden, Konkurrenten oder die Öffentlichkeit auf eine Preissenkung oder –erhöhung reagieren? Ja, nicht einmal die Auswahl eines geeigneten Lieferanten lässt sich immer eindeutig treffen.

Weil aber die Entscheider für ihre Entscheidungen verantwortlich sind, versuchen sie, sich möglichst gründlich abzusichern. Sie möchten ja nach bestem Wissen und frei von Willkür die beste Entscheidung treffen. Und wenn eine Entscheidung sehr komplex ist, dann bietet es sich förmlich an, den Entscheidungsprozess entsprechend komplex zu gestalten. Man lässt eine Risikoanalyse durchführen, deren Ergebnisse man nicht versteht, befragt Experten und versucht, möglichst viele in den Prozess einzubeziehen, um die Entscheidung zu verbessern.

Diese Hoffnung wird in der Regel enttäuscht. Denn je komplexer das Verfahren wird, umso weniger hat noch irgendjemand den Überblick. Und wenn der Überblick verloren geht, dann haben wir auch kein Gefühl mehr für die Entscheidung.

Es ist sogar noch schlimmer: Wir haben unsere Entscheidung an ein vermeintlich rationales Verfahren abgetreten. Von dem erwarten wir nun das Ergebnis, weil wir nicht mehr in der Lage sind, zu entscheiden. Auf diese Weise geben wir unsere Verantwortung für die Entscheidung ab.

> Komplexe Entscheidungen sind ihrer Natur nach unsicher und riskant. Die Unsicherheit und das Risiko lassen sich durch ein rationales Verfahren nicht ausschalten.

## Die Stärken der Rationalität

Es wäre jedoch leichtfertig, bei seinen Entscheidungen auf Rationalität zu verzichten. Vernünftige Argumente und methodisches Vorgehen können helfen, die Entscheidungen zu verbessern.

▸ Rationale Entscheidungen orientieren sich an nachvollziehbaren Kriterien. Die Gründe, die zu einer Entscheidung geführt haben, lassen sich eindeutig benennen und von anderen einsehen.

▸ Rationale Entscheidungen sind transparent. Treten Fehler oder logische Widersprüche auf, lassen die sich erkennen und beheben.

▸ Rationale Entscheidungen sind diskutabel. Im Prinzip setzt sich das beste Argument durch.

▸ Durch Rationalität können wir den Entscheidungsprozess vernünftig strukturieren – auch wenn das Gefühl den Ausschlag gibt.

▸ Durch Rationalität können wir die Schwächen und „blinden Flecken" einer intuitiven Entscheidung korrigieren.

# Der Mythos von den guten Bauchentscheidungen

Galten vormals intuitive Entscheidungen als unvernünftig und unprofessionell, so hat sich seit ein paar Jahren das Blatt völlig gewendet. Nunmehr wird das Hohelied der

Intuition gesungen und Bauchentscheidungen sind das Maß aller Dinge. Doch die haben gleichfalls ihre Tücken.

Bauchentscheidungen zeichnen sich dadurch aus, dass man sie einfach trifft. Ohne das Für und Wider abzuwägen, ohne eine Begründung geben zu können, warum man sich so und nicht anders entschieden hat. Der große Vorteil: Man kommt sofort zu einer Entscheidung. Ohne Diskussion, ja ohne bewusst darüber nachzudenken. Eine Bauchentscheidung stellt sich einfach ein, als ein Gefühl, das einem sagt, was zu tun ist.

## Die Intuition der Profis

Die Paradebeispiele für erfolgreiche Bauchentscheidungen betreffen Bereiche, in denen jemand über langjährige Erfahrung verfügt. Der routinierte Drogenfahnder entdeckt in einer Gruppe von Hunderten den einen, den er kontrollieren muss. Der Kunstsachverständige spürt, dass die römische Vase nicht echt sein kann. Und die Krankenschwester ahnt, dass bei dem Kind, das über Bauchweh klagt, irgendeine ernsthafte Erkrankung die Ursache sein könnte.

Die Fachleute treffen die richtige Entscheidung, können aber nicht sagen, warum sie sich so entschieden haben. Der Psychologe Gerd Gigerenzer hat die Arbeitsweise von solchen Experten unter die Lupe genommen. Er berichtet, dass sie Scheinbegründungen geben, sobald sie angeben müssen, was sie zu ihrem Urteil veranlasst. Tatsächlich wissen sie es nicht. Sein Plädoyer: Wir sollten respektieren, dass sich solche Entscheidungen nicht begründen lassen.

Denn sie beruhen auf dem Erfahrungswissen der Profis, das ihnen vielfach gar nicht bewusst ist. Es handelt sich um das „implizite Wissen", das wir sprachlich gar nicht ausdrücken können. Wer also fordert, dass solche Entscheidungen vernünftig begründet werden müssen, verhindert, dass implizites Wissen zum Tragen kommt. Und das ist umso gravierender, als der größte Teil des Expertenwissens implizit ist.

> Implizites Wissen steht sprachlich nicht zur Verfügung, sondern kann entweder nur akzeptiert oder verworfen werden.

## Die Kehrseite des impliziten Wissens

Solange die Experten mit ihrem Urteil richtig liegen, ist alles in Ordnung. Doch hin und wieder irren sie sich auch. Denn niemand besitzt einen so umfangreichen Erfahrungsschatz, der ihn gegen Fehleinschätzungen schützt. Hinzu kommt, dass sich das implizite Wissen stets nur auf die Vergangenheit bezieht. Hat unterdessen ein Wandel stattgefunden, kann einen das implizite Wissen leicht in die Irre führen.

Überhaupt sind nicht alle Erfahrungen so beschaffen, dass sie uns helfen, bessere Entscheidungen zu treffen. Womöglich liegt nur eine oberflächliche Ähnlichkeit vor und wir glauben, Bescheid zu wissen. Auf diese Weise kann uns implizites Wissen regelrecht daran hindern, den vorliegenden Fall halbwegs unvoreingenommen zu prüfen. Die Borniertheit, ja Blindheit von Experten wird ja gelegentlich beklagt. Sie ist die Kehrseite des impliziten Wissens.

Und wenn wir den Boden des Expertentums verlassen, so geraten wir schnell in den Sumpf der Vorurteile, die in gewissem Sinne auch so etwas sind wie implizites Wissen. Über Vorurteile können wir ebenfalls nicht diskutieren, doch sie beeinflussen unsere Entscheidungen. Insofern ist man gut beraten, sein implizites Wissen immer wieder infrage zu stellen.

## Die fehlende Transparenz der Bauchentscheidungen

Über Bauchentscheidungen kann man nicht diskutieren. Daher kann nur der entscheiden, den man für den kompetentesten hält. Kompromisse sind kaum möglich, da man ja nicht über implizites Wissen verhandeln kann.

Hat man eine Fehlentscheidung getroffen, dann lässt sich kaum beurteilen, was zu der Fehlentscheidung beigetragen hat, womöglich spielen ja persönliche Ressentiments eine Rolle. Darüber hinaus sind Bauchentscheidungen auch anfälliger für Manipulationen. Vor allem, wenn Ihr Gegenüber weiß, worauf Sie „anspringen", kann er Ihre Entscheidungen beeinflussen, ohne dass Sie es merken.

Um Manipulationen und Denkfehler (siehe unten) zu vermeiden, muss man sie sich bewusst machen. Genau das ist bei reinen Bauchentscheidungen nicht möglich

### *Die abgelehnte Software*

*Es soll eine neue Abrechnungssoftware angeschafft werden. Ein Produkt, das die Anforderungen erfüllt, wird im Geschäftsleitungskreis präsentiert. Anschließend urteilt der Geschäftsführer, die Lösung sage ihm von seinem Gefühl*

*nicht zu. Niemand wagt es, zu widersprechen. Der Grund für das negative Gefühl: Der Mitarbeiter, der die Software vorführte, erinnerte den Geschäftsführer an einen ehemaligen Mitarbeiter seiner eigenen Firma, mit dem er schlechte Erfahrungen gemacht hatte.*

## Entscheiden unter Zeitdruck

Ein entscheidender Vorzug der Bauchentscheidungen: Man spart viel Zeit. Denn ein Urteil stellt sich unmittelbar ein. Weil Führungskräfte sehr viel zu entscheiden haben und meist sehr wenig Zeit zu Verfügung steht, neigen viele dazu, ohne viel Federlesens aus dem Bauch heraus zu entscheiden.

Auf diese Weise werden zwar innerhalb kurzer Zeit viele Entscheidungen „produziert", doch sind diese ad-hoc-Entscheidungen selten von guter Qualität. Wer spontan seine Entscheidung trifft, folgt dem ersten Impuls. Und ob der einen immer in die richtige Richtung führt, darf bezweifelt werden. Vielmehr wird man anfällig für Manipulationen aller Art. Denn man hat keine Zeit, sich von der Entscheidungssituation zu distanzieren.

Daher wenden erfahrene Entscheider einen kleinen Trick an. Auch wenn sie sich auf ihr Bauchgefühl verlassen, so machen sie es sich zum Prinzip, niemals aus dem Moment heraus zu entscheiden. Sie sehen zu, dass sie Abstand gewinnen, dass die Entscheidung in ihnen „arbeiten" kann. Dazu müssen sie gar nicht bewusst darüber nachdenken. Es genügt, wenn sie sich aus der Situation entfernen.

### Traumkandidat auf Abstand

*Es wird ein neuer Vertriebsleiter gesucht. Als Kandidat stellt sich Herr Hüll vor, der den Geschäftsleitungskreis mit seiner sympathischen Art sofort für sich einnimmt. Die Verantwortlichen würden Herrn Hüll sofort zusagen. Doch der Geschäftsführer besteht darauf, erst am folgenden Tag eine Entscheidung zu treffen. Und tatsächlich: Mit einem Mal werden Zweifel laut, ob Herr Hüll fachlich in der Lage sein wird, die Position zu übernehmen. Ein anderer Kandidat erscheint geeigneter.*

# Entscheiden mit Sinn und Verstand

Welche Methode am besten geeignet ist, eine brauchbare Entscheidung herbeizuführen, das ist von Fall zu Fall unterschiedlich. Jemand, der eine Entscheidung in seinem Fachgebiet trifft, wird sich erst einmal auf sein Bauchgefühl verlassen. Womöglich fällt ihm gar nicht auf, dass er überhaupt eine Entscheidung trifft. So sehr hat sich die Entscheidung automatisiert.

### Einsatzleiter bei der Feuerwehr

*Der amerikanische Psychologe Gary Klein hat das Entscheidungsverhalten von Feuerwehrleuten untersucht und festgestellt: Von außen betrachtet trifft der Einsatzleiter zwar laufend Entscheidungen, was als nächstes zu tun ist. Doch wenn man ihn befragt, so wägt er keineswegs irgendwelche Handlungsoptionen gegeneinander ab. Aus seiner Sicht veranlasst er immer nur das zu tun, was getan werden muss.*

Erst wenn irgendetwas Unerwartetes geschieht, setzt das bewusste Nachdenken ein: Was ist die Ursache? Wie kommt es zu dieser Abweichung? In solchen Fällen holen Experten sich manchmal Rat bei anderen Experten, um ihre Entscheidung abzusichern oder zu verbessern. Im Idealfall kennen sie den Betreffenden so gut, dass sie dessen Kommentar genauer einschätzen können. Zum Beispiel in dem Sinne: „Von dem Kollegen war kein anderes Statement zu erwarten. Ich werde es ignorieren." Oder: „Wenn sogar der schon zu dieser Maßnahme rät, dann sollten wir sie schnellstens in die Wege leiten."

## Vernunft walten lassen

Sobald ungewohnte oder ungewöhnlich schwierige Entscheidungen zu treffen sind, kommen wir mit unserem intuitiven „Autopiloten" nicht mehr weiter. Wir müssen uns überlegen, wie wir vorgehen. Und hier hat es durchaus einiges für sich, mit Vernunft und Augenmaß vorzugehen. Vor allem auch, um die Entscheidung sinnvoll zu strukturieren und zu organisieren.

So kann es durchaus hilfreich sein, als erstes zu klären: Was ist überhaupt mein Entscheidungsproblem? Worin besteht eigentlich die Frage, die ich entscheiden will? Je nachdem, wie die Fragestellung formuliert wird, kommen bestimmte Optionen in Betracht – oder auch nicht.

Auch hat die Formulierung der Frage Einfluss darauf, welche Option als attraktiver wahrgenommen wird. So spielt es eine große Rolle, ob das Ergebnis als Verlust oder Gewinn formuliert wird (→ S. 51).

Es kann die Entscheidung verbessern, *beide* Fragestellungen zu untersuchen und die Lösungen miteinander zu vergleichen.

Überhaupt ermöglicht es die Vernunft, den Entscheidungsprozess mit einer gewissen Distanz zu betrachten und korrigierend einzugreifen. Zum Beispiel:

▸ Manipulationsversuche können durchschaut und zurückgewiesen werden.

▸ Sie können überlegen, ob relevante Informationen fehlen und beschafft werden können.

▸ Sie können die Entscheidung bewusst hinauszögern, um spontane Fehlurteile zu verhindern.

▸ Sie können das Ziel der Entscheidung hinterfragen und überlegen, ob es verdeckte Ziele gibt, die noch gar nicht benannt worden sind.

▸ Sie können zu den vorhandenen Optionen weitere hinzufügen oder bewusst danach suchen.

▸ Sie können prüfen, wie stimmig Ihre Entscheidung ist und ob sie nicht in Widerspruch zu vorangegangenen Entscheidungen steht.

▸ Sie können sich Ihre Voreingenommenheit in bestimmten Fragen vergegenwärtigen und Gegenmaßnahmen ergreifen.

Alles in allem kommt der Vernunft eine wichtige Rolle als Organisator und Berater zu. Doch die Entscheidung selbst bleibt eine Gefühlssache. Es gibt zwar „rein rationale Abwägungen, aber keine rein rationalen Entscheidungen", schreibt der Hirnforscher Gerhard Roth. Letztlich müssen

auch die rationalen Argumente bei Ihnen emotional zün-
den. Sonst entscheiden Sie sich wider besseren Wissens
gegen alle Vernunftgründe.

## Mit der Entscheidung leben können

Unter Entscheidern weit verbreitet sind zwei Auffassungen,
die beide in die Irre führen. Dass man die eine „richtige
Entscheidung" treffen muss, ist Irrtum Nummer eins. Und
wenn man alles richtig macht, kann man keine Fehlentscheidung treffen, lautet Irrtum Nummer zwei.

Nun mag es Situationen geben, in denen tatsächlich
schnell klar wird, ob man richtig oder falsch entschieden
hat. Richtig bedeutet: Ziel erreicht. Falsch bedeutet: Ziel
verfehlt. Doch bei den großen und wesentlichen Entscheidungen liegt der Fall eben komplizierter. Ob und in wel-
chem Maße die Entscheidung „richtig" ist, darüber kann
man häufig geteilter Meinung sein. Nicht zuletzt, weil man
gar nicht sicher weiß, ob eine andere Entscheidung tatsächlich günstigere Folgen gehabt hätte.

Darüber hinaus kann sich die Beurteilung einer Entscheidung auch ändern, weil sich plötzlich Folgen einstellen, mit
denen man zuvor nicht gerechnet hat. Das Produkt, in das
man so viel investiert hat, verkauft sich nur noch schlep-
pend. Der Mitarbeiter, den man eingestellt hat und der so
gute Arbeit geleistet hat, wird straffällig. Wandelt sich auf
diese Weise eine richtige Entscheidung im Nachhinein in
eine Fehlentscheidung?

Ob eine Entscheidung als richtig oder falsch eingestuft wird, das liegt ganz im Auge des Betrachters. Manche Entscheider halten ihre Entscheidungen vor allem deshalb für richtig, weil sie die unangenehmen Folgen gar nicht zur Kenntnis nehmen.

Und schließlich haben wir nur sehr begrenzten Einfluss darauf, ob unsere Entscheidung das gewünschte Ergebnis erzielt. Das gilt in beide Richtungen: Wir können gegen bewährte Grundsätze verstoßen und dennoch richtig entscheiden, weil wir einfach Glück haben.

## Psychologische Entscheidungsfallen

Es gibt typische Entscheidungsfehler, die auf unsere persönlichen Unzulänglichkeiten zurückgehen. Dabei handelt es sich um Schwächen oder schlechte Angewohnheiten, die wir uns abtrainieren können: „Aufschieberitis", Voreingenommenheit, Aktionismus und vieles mehr.

Schwieriger in den Griff zu bekommen ist eine andere Art von Entscheidungsfehlern. Nämlich die Fehlleistungen, die sich aus der Art und Weise ergeben, wie wir denken. Führungskräfte sollten über diese „Systemfehler" in unserem Denken Bescheid wissen. Das verhindert zwar nicht immer eine Fehlentscheidung, denn diese Fehler sind sozusagen fest in unserem Denken eingebaut.

Doch immerhin erkennen Sie, warum wir alle unter bestimmten Umständen so „unvernünftig" entscheiden. Das hilft Ihnen auch, Fehlentscheidungen von Kollegen und

Mitarbeitern besser zu verstehen. Mit diesem Wissen können Sie angemessener und vernünftiger reagieren. Und Sie
können in einzelnen Fällen auch ganz bewusst gegensteu-
ern.

## Der Anker-Haken

Vermutlich die Denkfalle, in die wir am häufigsten geraten.
Vor allem bei schnellen Entscheidungen laufen wir Gefahr,
uns von fragwürdigen „Anker-Haken" beeinflussen zu
lassen.

### *Wie funktioniert der Anker-Haken?*

Wenn wir eine gute Entscheidung treffen wollen, brauchen
wir festen Boden unter den Füßen. Wir suchen Halt und
einen Vergleichsmaßstab. Deshalb werfen wir gewissermaßen einen „Anker" aus. Nur: Wo machen wir ihn fest? Das
ist meist davon abhängig, was uns gerade sonst noch
durch den Kopf geht.

Diesen Effekt nutzen viele Mitmenschen aus. Vor allem,
wenn sie uns etwas verkaufen wollen. Angenommen, Sie
möchten eine Einbauküche kaufen. Ihre Preisvorstellung
liegt bei 8.000 Euro. Das Fachgeschäft hat solche Küchen.
Der Verkäufer zeigt Ihnen aber „zunächst einmal" eine
Küche für 40.000 Euro, die für Sie „natürlich nicht infrage
kommt". Dann führt er Sie zu den preiswerten Modellen.
Die Küche für 8.000 Euro kommt Ihnen mit einem Mal
schäbig vor, Sie erstehen eine für 12.000 Euro.

## Wieso ist der Anker-Haken gefährlich?

Der Anker-Haken führt dazu, dass wir unseren Entscheidungen einen unangemessenen Vergleichsmaßstab zugrunde legen. Wir verschätzen uns, stellen überzogene Forderungen oder geben uns mit zu wenig zufrieden.

Dabei gilt das Prinzip der Ähnlichkeit und der zeitlichen Nähe. Wenn wir hören, dass ein Kollege im nächsten Monat 400 Euro mehr Gehalt bekommt, reagieren wir enttäuscht, wenn wir nur 300 Euro mehr bekommen. Wir wären aber mit einer Gehaltserhöhung von 30 Euro vollkommen einverstanden, sofern unser Kollege sein altes Gehalt behält.

Der Anker-Haken kann zu eklatanten Fehlentscheidungen führen und langwierige Vorbereitungen zunichte machen, wenn wir nämlich unseren „Anker" an einer falschen Stelle festmachen.

> Überlegen Sie bereits vorher, wo Sie Ihren „Anker" festmachen wollen. Was ist wirklich ein geeigneter Vergleichsmaßstab? Behalten Sie dabei die größeren Zusammenhänge im Blick. Sonst lassen Sie sich leicht von Zufälligkeiten leiten.

## Thorndikes Effektgesetz

Wenn wir in einer Situation die Zusammenhange nicht durchschauen, halten wir uns an eine simple Regel:

Folgt auf unsere Handlung ein angenehmer Zustand, so sollten wir die Handlung wiederholen. Sind die (unmittelbaren) Folgen eher negativ, so probieren wir etwas anderes aus.

Diese Regel ist unserem Denken sozusagen fest einprogrammiert. In der Psychologie kennt man sie unter dem Namen „Thorndikes Effektgesetz" – nach ihrem Entdecker Edward Lee Thorndike.

### Wie äußert sich Thorndikes Effektgesetz?

Um ein Problem zu beheben, probieren wir alles Mögliche aus. Das, was „letztlich" zum Erfolg geführt hat, prägen wir uns ein und wenden es in einer vergleichbaren Situation sofort an. In unserem Alltagsleben ist das eine recht erfolgreiche Strategie.

Wir stoßen allerdings auf Schwierigkeiten, wenn die Wirkung einer Handlung mit einer zeitlichen Verzögerung eintritt. Wir durchschauen den Zusammenhang nicht und setzen die falschen Mittel ein, um zum Erfolg zu kommen. Manchmal wirken wir mit bester Absicht genau in die entgegengesetzte Richtung.

### Wieso ist Thorndikes Effektgesetz gefährlich?

Viele, gerade sehr wichtige Maßnahmen zeigen erst nach einiger Zeit Wirkung. Strategische Entscheidungen, Innovationen, Fortbildungsmaßnahmen greifen nicht sofort. Doch wird der Erfolg solcher Maßnahmen meist sehr kurzfristig beurteilt. Das führt zu Fehleinschätzungen.

Kommt es nach einer solchen Entscheidung zufällig zu einer Besserung, dann gilt sie als gut, obwohl ihre Wirkung noch gar nicht eingesetzt haben *kann*. Sogar, wenn wir das *wissen*, können wir uns dann dem positiven Eindruck kaum entziehen.

Umgekehrt ist es noch ungünstiger: Wichtige, nützliche Entscheidungen werden nicht getroffen oder wieder rückgängig gemacht, weil sie nicht sofort Wirkung zeigen. „Das hat nichts gebracht", heißt es dann. Die Sache wird aufgegeben, vielleicht wird nun das Gegenteil beschlossen. Wenn dann – zeitlich verzögert – die Besserung eintritt, wird sie den untauglichen Maßnahmen zugerechnet. Bis auch die ihre zeitlich verzögerte Wirkung zeigen. Dann kann es aber für eine erneute Richtungsänderung zu spät sein.

Thorndikes Effektgesetz können wir uns nur sehr schwer entziehen. Auch wenn wir uns klarmachen, dass bestimmte Entscheidungen erst verzögert Wirkung zeigen, geraten wir sehr schnell unter starken Rechtfertigungsdruck, wenn sich keine unmittelbare Besserung zeigt. Daher kann bei solchen Entscheidungen eine gewisse Unbeirrbarkeit von Vorteil sein.

## Verlustaversion und Endowment-Effekt

Menschen tendieren dazu, eher Verluste zu vermeiden als Gewinne anzustreben. Dadurch lassen sie sich handfeste Vorteile entgehen und sind anfällig für Manipulationen. Denn eine Entscheidung lässt sich sehr stark beeinflussen, je nachdem, ob eine Option als Verlust oder als Gewinn beschrieben wird.

Eng damit verwandt ist der so genannte Endowment-Effekt. Er beschreibt, dass Menschen den Wert eines Produkts stark überschätzen, sobald sie es als ihr Eigentum betrachten. Interessanterweise sind beide Effekte auch bei Kapuzineraffen nachgewiesen worden. Daher liegt die Vermutung nahe, dass es sich um ein evolutionär tief verwurzeltes Verhalten handelt, das sich kaum ändern lässt.

## Wie äußern sich Verlustaversion und Endowment-Effekt?

Stellen Sie sich vor, es droht eine Epidemie, die nach Schätzungen der Experten 600 Menschen das Leben kosten dürfte. Sie können zwischen zwei Impfprogrammen auswählen. Mit Programm A kann 200 Menschen sicher das Leben gerettet werden. Mit Programm B lassen sich alle 600 retten – allerdings hat das Programm nur in einem von drei Fällen Erfolg. Schlägt es fehl, sterben alle 600.

Die meisten Befragten entscheiden sich für Programm A. Lieber 200 Personen sicher retten, als alle 600 dem Risiko auszusetzen, zu sterben. Allerdings fällt die Entscheidung ganz anders aus, wenn die Fragestellung etwas umformuliert wird: Bei Programm A werden 400 Menschen sicher sterben. Bei Programm B besteht eine Wahrscheinlichkeit von einem Drittel, dass niemand sterben muss. Nun entscheiden sich die meisten für Programm B.

Der Grund: Im ersten Fall werden die Zahlen als „Gewinne" ausgegeben: 200 Menschen sicher retten, das erscheint ja schon mal gar nicht so schlecht. Warum dann überhaupt noch ein Risiko eingehen, wenn die Wahrscheinlichkeit ohnehin doppelt so groß ist, dass das Programm scheitert?

Fall zwei konfrontiert uns mit Verlusten: 400 Tote sind eine beängstigende Vorstellung. Wir würden diesen Verlust gerne vermeiden. Wenn wir eine realistische Chance haben (immerhin in einem Drittel aller Fälle gelingt die Sache), dann wollen wir sie nutzen. Geht die Sache schief, sind zwar 600 Tote zu beklagen, aber wir haben es immerhin versucht, alle zu retten.

Eng verwandt damit ist der Endowment-Effekt: Stellen Sie sich vor, jemand fragt Sie, wie viel Geld er für eine Bürotasse mit einem originellen Aufdruck verlangen kann. Zweiter Fall: Jemand fragt Sie, für wie viel Sie ihm die Tasse abkaufen würden. Dritter Fall: Jemand schenkt Ihnen die Tasse und Sie sollen nun angeben, wie viel Sie dafür verlangen. Im zweiten Fall fällt der Betrag am geringsten aus, im dritten am höchsten. Denn was wir als unser Eigentum betrachten, dessen Wert überschätzen wir.

## *Wieso sind Verlustaversion und Endowment-Effekt gefährlich?*

Im Laufe der Evolutionsgeschichte ist es gewiss vorteilhaft gewesen, Verluste höher zu bewerten als Gewinne, die man als Zusatz und als nicht lebensnotwendig ansehen kann. Wenn es jedoch um Investitionen, Preisgestaltung und Finanzentscheidungen geht, führen beide Effekte zu verzerrten Urteilen.

Wer Ihre Entscheidung beeinflussen will, formuliert die Optionen so, dass Sie in seinem Sinne entscheiden: „Verschenken Sie kein Geld!" heißt es, wenn Sie jemand dazu bringen möchte, einen Förderantrag zu stellen. Die Formulierung unterstellt, als hätten Sie das Geld bereits und irgendjemand würde es Ihnen aus der Tasche ziehen. Das will man unbedingt verhindern. Aber einen Antrag stellen, um Fördergelder zu bekommen, ist weit weniger attraktiv.

> **!** Formulieren Sie Ihr Entscheidungsproblem in zwei Versionen. Einmal als Gewinn und einmal als Verlust. Welcher Alternative geben Sie dann den Vorzug? Und seien Sie misstrauisch, wenn Gewinne oder auch Waren bereits als Ihr Eigentum dargestellt werden. Sie sollen dazu gebracht werden, deren Wert höher zu veranschlagen ...

## Der Gefrier-Effekt

Konsequenz gilt im Allgemeinen als eine positive Eigenschaft. Durchaus nicht zu Unrecht. Denn sie macht unser Handeln und Entscheiden verlässlicher – und berechenbarer. Allerdings sorgt der Gefrier-Effekt dafür, dass wir irrationalerweise an Entscheidungen festhalten, sogar an solchen, bei denen wir nur eine Vorentscheidung getroffen haben.

### *Wie äußert sich der Gefrier-Effekt?*

Der Gefrier-Effekt sorgt dafür, dass wir eine Entscheidung ungern aufgeben, die wir einmal getroffen haben. Das klingt harmlos, ist es aber nicht. Denn auch, wenn Sie sich nur ganz vorläufig und unverbindlich auf irgendeine Option festgelegt haben, entfaltet der Gefrier-Effekt seine Wirkung. Die Entscheidung wird sozusagen „eingefroren" und es bedarf schon der geballten Kraft überzeugender Argumente, die Entscheidung wieder „aufzutauen".

## Wieso ist der Gefrier-Effekt gefährlich?

In seiner harmloseren Variante führt er dazu, dass wir keine guten Entscheidungen treffen, weil wir voreingenommen sind und spätere Informationen nicht mehr angemessen bewerten. Es genügt, dass diese Informationen uns erreichen, nachdem wir uns – wie vorläufig auch immer – festgelegt haben. Das Tückische dabei: Uns ist dieser Effekt nicht im Mindesten bewusst.

Das eröffnet das Feld für geschickte Manipulationen. Man verlangt von Ihnen, dass Sie mal Ihren „ersten Eindruck" schildern, dass Sie bestimmte Dinge „einfach mal ausprobieren" – und sich dann darüber äußern. Die Äußerung ist das Entscheidende. Experimente haben gezeigt, dass sogar willkürlich gewählte Festlegungen unsere Entscheidungen beeinflussen, sofern sie denn geäußert werden.

Natürlich können wir uns noch umentscheiden. Das passiert auch jeden Tag. Der wesentliche Punkt ist aber: Dazu müssen wir erst einmal gewisse innere Widerstände überwinden. Und diese Widerstände werden immer größer, je länger wir an einer Entscheidung festhalten. Das führt zur stärkeren Variante des Gefrier-Effekts, dem Effekt der „sunk costs".

## *Was können Sie gegen den Gefrier-Effekt tun?*

Das wirksamste Mittel: Lassen Sie sich nicht zu früh festnageln. Versuchen Sie erst dann eine Entscheidung zu treffen, wenn alle Optionen auf dem Tisch liegen. Und nach Möglichkeit auch alle Informationen eingeholt sind. Wehren Sie alle Versuche ab, schon vorher Präferenzen zu äußern. Fordert man von Ihnen eine Stellungnahme, erwidern Sie, dass Sie sich „noch kein klares Bild gemacht" haben.

Doch nicht immer lässt sich so verfahren. Manchmal müssen Sie sich „vorläufig" festlegen, manchmal erreichen bestimmte Informationen Sie erst nach einer (Vor)-Entscheidung. Dann hilft es zumindest, wenn Sie sich den Gefrier-Effekt bewusst machen und den verspäteten Informationen besondere Aufmerksamkeit widmen.

## Fässer ohne Boden – die „sunk costs"

Die verschärfte Version des Gefrier-Effekts. Aus der Betriebswirtschaft kennen wir den Begriff der „sunk costs". Damit sind all die vergeblichen Investitionen gemeint, die sich nicht mehr „zurückholen" lassen, die ein für allemal verloren, sozusagen „versunken" sind.

Solche Kosten dürften unsere Entscheidungen, was jetzt zu tun ist, eigentlich nicht beeinflussen. Tun sie aber doch. Wenn wir schon viel Zeit und Geld in eine Sache investiert – und verloren – haben, dann geben wir sie nicht so ohne weiteres wieder auf. Es gibt eine psychologische Schranke, die verhindert, dass wir unsere Defizite einfach „abschreiben" und aus einem verlustreichen Geschäft aussteigen.

## Wie äußert sich der Effekt der „sunk-costs"?

Es fällt uns schwer, Entscheidungen, die wir getroffen haben, aufzugeben. Und es fällt uns umso schwerer, je mehr Zeit, Geld und Mühe wir dafür aufgewendet haben. Deshalb werden sinnlose Projekte bis zum bitteren Ende gebracht, unfähige Mitarbeiter „mitgeschleppt" oder verlustreiche Betriebszweige weiterfinanziert. Es soll ja „nicht alles umsonst" gewesen sein.

Doch im Bemühen zu retten, was nicht mehr zu retten ist, vergrößert sich der Schaden. Immer neue Mittel werden aufgewendet. Dadurch erhöht sich nochmals die „Bindekraft" der Entscheidung. Jetzt erst recht nicht aufgeben, heißt dann die Devise. Der Effekt verstärkt sich noch. In einzelnen Fällen kommt es zum Realitätsverlust der Beteiligten. Sie verstärken ihr Engagement bis zum totalen Ruin.

Besonders ausgeprägt ist der Effekt, wenn die Entscheidung, mit der alles anfing, zunächst durchaus positive Folgen hatte. Dann sind wir fest davon überzeugt, dass die Entscheidung „eigentlich" eine gute Sache sein muss. Wir verteidigen sie, ergreifen irrationale Hilfsmaßnahmen, auch wenn wir unsere Verluste dadurch nur vergrößern und uns immer tiefer „hineinreiten".

## Wieso ist der Effekt der sunk-costs gefährlich?

Auch erfahrene Entscheider können in diese Denkfalle hineingeraten. Ja, vielleicht gerade sie. Denn ihnen erscheint es besonders bedrohlich, künftig mit dem Makel einer Fehlentscheidung behaftet zu sein. Und sie vertrauen darauf, dass sie als die „alten Hasen" die Sache schon wieder „rausreißen". Auch wenn sich die Sache gar nicht mehr rausreißen lässt, sondern nur noch beenden.

## *Was können Sie gegen den Effekt der „sunk costs" tun?*

Treffen Sie Ihre Entscheidungen nur im Hinblick auf die Zukunft. Ihre Mühe, Ihre Zeit, Ihre Kraft, die Sie in ein Projekt gesteckt haben, darf absolut keine Rolle spielen. Nur die künftigen Perspektiven sind entscheidend. Um die Lage angemessen zu beurteilen, stellen Sie sich vor, Sie kämen von außen neu dazu. Würden Sie in dieses Projekt neu einsteigen, investieren? Heißt die Antwort „nein", dann beenden Sie die Sache. Auch wenn das zunächst einen Rückschlag bedeutet. Machen Sie sich klar: Sie haben Schlimmeres verhindert.

Damit ist natürlich nicht gesagt, dass Sie ein Projekt gleich abblasen sollten, sobald es in Schwierigkeiten gerät. Es ist gut und vernünftig weiterzumachen, sofern Aussicht besteht, die Sache vernünftig abzuschließen. Aber nur dann.

## Der Hindsight-Bias

Der Satiriker Karl Kraus hat über die Journalisten gespottet, bei ihnen handele es sich um einen Menschenschlag, der „im Nachhinein immer schon alles vorher gewusst" habe. Wie sich zeigt, ist dies keine Berufskrankheit von Journalisten, sondern eine allgemein verbreitete Art der Selbsttäuschung.

Wir können gar nicht anders: Wir beurteilen die Vergangenheit immer mit dem Wissen der Gegenwart, auch wenn dies zu erheblichen Fehleinschätzungen führt.

## Wie äußert sich der Hindsight-Bias?

Unser Gedächtnis funktioniert nicht wie ein Videorecorder, der die Vergangenheit aufzeichnet. Vielmehr setzen wir, wenn wir uns erinnern, die Vergangenheit immer wieder neu zusammen. Diese Funktionsweise bringt uns viele Vorteile, aber eben auch manchen Nachteil.

Einer davon ist der Hindsight-Bias, also die Verzerrung im Rückblick. Sie äußert sich darin: Sobald wir die Auswirkung einer Entscheidung kennen, sind wir überzeugt, dies hätten wir ziemlich genau so vorausgesehen – oder zumindest voraussehen können. Denn treffen wir eine falsche Entscheidung, die nach unserem damaligen Kenntnisstand vollkommen rational und sinnvoll war, so reden wir uns ebenfalls ein, wir hätten die tatsächliche Entwicklung vorausahnen können.

Kurz gesagt: Spätere Informationen verändern unser Bild von der Vergangenheit. Wir „fälschen" sie sozusagen immer wieder um, passen sie unseren aktuellen Erkenntnissen an – ohne Absicht, ja ohne, dass wir es merken.

## Wieso ist der Hindsight-Bias gefährlich?

Der Hindsight-Bias bewirkt, dass wir die Bedingungen, unter denen wir entschieden haben, falsch einschätzen. Das kann künftige Entscheidungen massiv beeinflussen: Unter Umständen überschätzen wir unsere Entscheidungskompetenz und treffen deshalb eine äußerst riskante Entscheidung. Bestärkt durch einen neuerlichen Erfolg erhöhen wir das Risiko, bis unsere Entscheidungen nachgerade verantwortungslos werden. Gleichzeitig sind wir fest davon überzeugt, wir hätten alles „fest im Griff".

> **!** Vorsicht vor Erfolgsserien. Wenn die Sache gut läuft, neigen wir besonders zur Selbstüberschätzung. Egal, ob erfolgreiche Börsianer, Trendprognostiker oder Bankräuber – offenbar verleitet nichts so sehr zum Leichtsinn, wie eine Folge von Erfolgstreffern.

## Was können Sie gegen den Hindsight-Bias tun?

Leider legen zahlreiche Experimente die Vermutung nahe, dass der Hindsight-Bias sehr tief in unserer Natur verwurzelt ist. Doch Sie können zumindest versuchen, seine Wirkung zu begrenzen. Dokumentieren Sie so genau wie möglich Ihren Entscheidungsprozess und entwickeln Sie ein ausgesprochenes Misstrauen gegenüber allen Behauptungen, man habe es ja schon vorher gewusst.

## Die multiple Buchführung

In der Regel betrachten wir unsere Entscheidungen isoliert voneinander, auch wenn sie miteinander zusammenhängen. Wir „zerschneiden" unsere Welt sozusagen in lauter kleine Entscheidungsbereiche, die wir einzeln bearbeiten. Weil die sorgfältig getrennten Lebensbereiche aber doch miteinander zusammenhängen, ergeben sich manchmal etwas irrationale Folgen.

## Wie äußert sich die multiple Buchführung?

Das klassische Beispiel: Stellen Sie sich vor, Sie hätten für 30 Euro eine Theaterkarte gekauft. Als Sie in der Abendgarderobe am Theater ankommen, stellen Sie fest, dass Sie die Karte zu Hause vergessen haben. Zurückfahren lohnt sich nicht. Kaufen Sie eine neue Karte?

Die meisten Menschen, die man befragt hat, würden das nicht tun, sondern die Theaterkarte abschreiben. Ganz anders aber ihre Reaktion, wenn man das Szenario ein klein wenig verändert: Sie haben die Karte noch gar nicht gekauft, stehen an der Abendkasse und stellen fest, dass in Ihrem Portemonnaie 30 Euro fehlen. Verzichten Sie auf den Theaterbesuch? Fast alle Befragten würden das nicht tun, obwohl der finanzielle Verlust exakt gleich ist.

Der Grund für diese unterschiedliche Einschätzung: Es existieren gewissermaßen zwei getrennte Budgets, eines für den Theaterbesuch und eines für unser Bargeld. Verlieren wir die Karte, streichen wir den Theaterbesuch. Der Verlust von 30 Euro wird hingegen als abstrakter Geldverlust verbucht, der mit dem Theaterbesuch nichts zu tun hat.

## Was sind die Gefahren der multiplen Buchführung?

Auch im Geschäftsleben ist die „multiple Buchführung" weit verbreitet. So gilt es als Erfolg, einem Lieferanten einen Preisnachlass abgerungen zu haben, auch wenn dieses „Abringen" intern Kosten verursacht hat, die weit über die Ersparnis hinausgehen.

Besonders häufig treffen wir auf die „multiple Buchführung" bei zeitlichen Budgets. Da wird an einer Stelle mit großem Aufwand Zeit eingespart, die an anderer Stelle ohne Notwendigkeit vergeudet wird. Darüber hinaus verursachen die immer neuen Anstrengungen, (noch mehr) Zeit einzusparen, wiederum zeitliche „Kosten", die bei der Kalkulation oft völlig vergessen werden.

## *Was können Sie gegen die multiple Buchführung tun?*

Versuchen Sie, Ihre Entscheidung im größeren Zusammenhang zu sehen. Gibt es (zeitliche, finanzielle) Budgets, die von dieser Entscheidung betroffen sind? Was hat das für Konsequenzen? Vor allem Sparmaßnahmen gehören hier auf den Prüfstand. Wie wirken sie sich langfristig aus? Nicht selten erweisen sich Sparmaßnahmen nämlich als ausgesprochene „Kostenfresser".

Davon abgesehen, brauchen Sie Ihre „multiple Buchführung" gar nicht aufzugeben. Sie hat nämlich auch manche Vorteile: Mehrere kleine Budgets lassen sich besser überblicken und handhaben als ein einziges, das riesig ist. Und einige kleine Budgets, die Sie sorgsam pflegen, sind allemal besser, als ein einziges, das in Unordnung ist.

## Auf den Punkt gebracht

Entscheidungen werden so gut wie nie rein rational getroffen. Das Gefühl gibt immer den Ausschlag.

Vernunftgeleitetes Abwägen kann die Entscheidung verbessern. Doch die mechanische Anwendung rationaler Entscheidungstechniken führt häufig zu schlechten Ergebnissen.

Spontane Ad-hoc-Entscheidungen sind selten von guter Qualität. Daher bauen erfahrene Entscheider möglichst einen zeitlichen „Puffer" mit ein.

Intuitive Entscheidungen sparen Zeit und nutzen das implizite Wissen. Doch lassen sie sich nicht diskutieren und sind anfällig für Manipulationen.

Es gibt eine Reihe von Denkfehlern und Entscheidungsfallen, denen man nur schwer entkommt.

# Macht, Einfluss und Dominanz

Führungskräfte brauchen Macht. Sonst könnten sie ihre Aufgabe gar nicht erfüllen. Die besteht darin, dafür zu sorgen, dass andere eine bestimmte Leistung erbringen, ein bestimmtes Ergebnis erzielen. Dennoch scheuen sich viele Führungskräfte, von Macht zu sprechen. Denn Macht gilt als etwas Anrüchiges. Stattdessen wählen sie lieber Begriffe wie Einfluss, Autorität und Leadership.

Alle drei Begriffe sollen ein positives, konstruktives Verständnis von Führung zum Ausdruck bringen. Doch bleiben dadurch wesentliche Aspekte unterbelichtet. Führungsfragen sind auch immer Fragen der Macht. Daher sollten sich gerade Führungskräfte mit diesem Thema befassen. Nicht um Macht zu missbrauchen und andere zu manipulieren, sondern um die psychologischen Grundlagen von Macht besser zu verstehen.

## Was ist Macht?

Die wohl bekannteste Definition von Macht stammt von dem Soziologen Max Weber. Demnach beruht Macht auf der „Chance, innerhalb einer sozialen Beziehung den eigenen Willen auch gegen Widerstreben durchzusetzen".

Dabei handelt es sich um eine ebenso grundlegende wie beglückende Erfahrung. Menschen wollen etwas bewirken, vor allem auf andere Menschen wollen sie einwirken. Für unsere seelische Gesundheit brauchen wir immer wieder die Gewissheit, dass wir auf das Verhalten der Anderen Einfluss ausüben. Dies genießen wir, es stärkt unser Selbstbewusstsein, auch wenn das Feld, auf dem wir uns durchsetzen, anderen unbedeutend erscheint.

## Was unterscheidet Macht und Einfluss?

Die Begriffe Macht und Einfluss liegen nahe beieinander. Nur ist Einfluss der viel umfassendere Begriff. Jeder beeinflusst den anderen – sogar wenn das gar nicht in seiner Absicht stand. Das ist bei der Macht ganz anders. Hier geht es um den eigenen Willen, der sich durchsetzen soll.

Außerdem ist Einfluss etwas viel Subtileres, das fast schon den Anschein von Freiwilligkeit und Einverständnis hat. Bin ich nicht einverstanden, kann ich mich dem Einfluss entziehen. Der Ausübung von Macht muss ich hingegen meinen Widerstand entgegensetzen – oder mich ihr beugen.

Eine Führungskraft kann sich nicht darauf beschränken, ihre Mitarbeiter mehr oder weniger stark zu „beeinflussen" – selbstredend in bestem Einvernehmen. Konzepte von partnerschaftlicher Führung, die in diese Richtung zielen, haben beim Thema Macht einen blinden Fleck. Sie werden der Realität in den Unternehmen nicht gerecht. Denn da geht es sehr wohl um Machtfragen. Führungskräfte, die sich nicht darum kümmern, weil ihnen Macht ohnehin suspekt ist, werden scheitern und sich schnell verabschieden von der Macht.

## Selbstachtung im Beruf

Wer sich dem Willen eines anderen beugen muss, steht vor einem gewissen Problem: Wie behält er die Selbstachtung, wenn er nicht seinem eigenen, sondern einem fremden Willen folgt? Im beruflichen Zusammenhang scheint es da zwei Lösungen zu geben:

▸ Ich folge dem Willen des anderen, weil ich dafür angemessen entschädigt werde. „Wer zahlt, bestimmt die Musik."

▸ Ich folge dem Willen des anderen, weil er in der Hierarchie über mir steht und weisungsbefugt ist. Dafür übernimmt er die Verantwortung für das, was er mir aufträgt.

Beide Punkte ermöglichen mir eine Distanzierung von dem, was ich tue. Was der Kunde oder der Vorgesetzte mir aufträgt, kann ich persönlich für unsinnig halten. Weil ich nicht die volle Verantwortung dafür trage, behalte ich meine Selbstachtung.

Und doch lässt sich diese Haltung nur begrenzt aufrechterhalten. Man kann sich nicht durchgängig zum willenlosen Werkzeug machen lassen, ohne an Selbstachtung zu verlieren. Daher muss man immer wieder mal den eigenen Willen ins Spiel bringen. Zum Beispiel dadurch, dass man von den Vorgaben mehr oder weniger stark abweicht, dass man sie kreativ auslegt – ohne dass der Kunde oder Vorgesetzte etwas davon merkt. Oder er bemerkt es durchaus, unternimmt aber nichts dagegen.

## Die Zonen der Ungewissheit

Der übliche Weg, sich ein wenig Macht zu verschaffen und damit auch die Selbstachtung zu behalten: Man verfügt über „Zonen der Ungewissheit", wie sie die beiden Organisationswissenschaftler Michel Crozier und Erhard Friedberg genannt haben. Dabei handelt es sich um Bereiche, die man selbst kontrolliert, über die man gut Bescheid weiß, die aber von anderen nicht durchschaut werden. Vor allem nicht vom Vorgesetzten. Solche „Zonen der Ungewissheit" können durchaus umkämpft sein. Etwa, wenn der Vorgesetzte vermutet, sein Mitarbeiter nutze seinen Freiraum aus und müsse stärker kontrolliert werden. Wobei Kontrollen neue „Zonen der Ungewissheit" schaffen. Zumindest, wenn die Kontrollen nicht vom Vorgesetzten selbst durchgeführt werden, sondern von Kontrolleuren, die ihrerseits kontrolliert werden müssen. Die Lösung aus diesem Dilemma heißt: Vertrauen. Der Vorgesetzte vertraut seinen Mitarbeitern. Er überlässt ihnen eine mehr oder weniger große „Zone der Ungewissheit". In diese Zone mischt er sich gar nicht weiter ein, solange keine Beschwerden kommen und das Ergebnis stimmt. Problematisch wird es allerdings, wenn das Ergebnis nicht stimmt. Da er nicht genügend durchschaut, was sich in der „Zone der Ungewissheit" abgespielt hat und wie man ein besseres Ergebnis erreicht hätte, bleibt seine Macht begrenzt. Das Einzige, was er tun könnte: Willkürlich annehmen, der Mitarbeiter habe eine schlechte Leistung erbracht. Das sollte er aber unterlassen. Denn dadurch untergräbt er seine Autorität und das Vertrauen.

Vorgesetzte sollten zur Kenntnis nehmen, dass es solche „Zonen der Ungewissheit" gibt, die sie den Mitarbeitern überlassen müssen. Psychologisch entlastet dies das Verhältnis zwischen dem Vorgesetzten und seinem Mitarbeiter beträchtlich.

## Ein Verhältnis auf Gegenseitigkeit

Machtverhältnisse sind in der Regel keine einseitige Angelegenheit. Auch wer sich dem Willen eines anderen beugen muss, ist keineswegs machtlos. Allein schon durch die Tatsache, dass derjenige, der Macht über andere hat, diesen anderen für seine Machtausübung braucht. Je weiter sich die Macht erstreckt, umso weniger ist der Mächtige in der Lage, in die „Zonen der Ungewissheit" vorzudringen. Er muss sich auf seine Mitarbeiter verlassen.

Hinzu kommt ein wichtiger psychologischer Effekt: Wird der Machtanspruch über einen bestimmten Grad hinaus ausgedehnt, entsteht auf der Gegenseite der Wunsch, ihm etwas entgegenzusetzen. Die Bereitschaft zum Widerstand wächst, wenn jemand mehr und mehr Macht an sich reißt und einem immer weniger Möglichkeiten gibt, selbst Einfluss zu nehmen.

Und noch etwas ist in diesem Zusammenhang wichtig: Macht ist vor allem dann etwas wert, wenn man sie über Menschen ausüben kann, die über wichtige Fähigkeiten verfügen. Anders gesagt: Die selbst Machtressourcen haben und nennenswerte „Zonen der Ungewissheit" kontrollieren. Ihre Macht als Vorgesetzter nimmt also dadurch zu, dass Ihre Mitarbeiter nicht ohnmächtig sind, sondern in wesentlichen Bereichen auch ihrem eigenen Willen folgen können.

## Der süße Geschmack der Macht

Auf der anderen Seite erzeugt Macht sehr oft den Wunsch nach noch mehr Macht. Es gehört zu den Eigentümlichkeiten von Macht, dass sie sich nicht selbst begrenzt, sondern immer von den anderen begrenzt werden muss. Wer den „süßen Geschmack der Macht" gekostet hat, der wünscht sich mehr davon. Das hat einmal damit zu tun, dass es beglückend, fast berauschend sein kann, Macht zu spüren. Ein solches Erlebnis möchte man gerne wiederholen und intensivieren. Und das bedeutet: Mehr davon. Zugleich aber machen viele die Erfahrung, dass jede Ausdehnung von Macht mit einem Verlust von Macht „in der Tiefe" einhergeht. Sie sind immer stärker auf andere angewiesen, die ihre eigene Macht durchaus auch ins Spiel bringen. Und so stehen sie ihnen – allen Reden von der „Vertrauenskultur" zum Trotz – immer argwöhnischer gegenüber. Auf dieses Phänomen kommen wir beim Thema Dominanz gleich noch ausführlicher zu sprechen.

> Macht ist dann von Dauer, wenn sie sich nicht ständig einmischt. Zugleich muss sie immer wieder einmal ausgeübt werden. Sonst entstehen hinter Ihrem Rücken neue Machtstrukturen und Sie werden in Zukunft einfach überspielt.

## Die Kontrollillusion

Im Zusammenhang mit dem Thema Macht sind zwei gegenläufige Tendenzen zu beobachten:

▸ Menschen schreiben sich einen Einfluss auf Ereignisse zu, die sie nachweislich nicht beeinflussen (Kontrollillusion).

▸ Menschen spielen ihren Einfluss herunter, sobald eine
  Handlung unerwünschte Ergebnisse hat (Entlastungsillusion).

Die Kontrollillusion hat die amerikanische Psychologin Ellen
Langer in Laborexperimenten nachgewiesen: Ihre Versuchspersonen meinten, sie würden bestimmte Gescheh-
nisse maßgeblich beeinflussen, obwohl es sich um pure
Zufallsereignisse handelte. Voraussetzung für diese Täuschung sind allerdings so genannte „Skill cues", also Hin-
weise darauf, dass wir unsere Fertigkeiten ins Spiel bringen
(müssen).

Als „Skill cue" fungiert beispielsweise eine Wettbewerbssi-
tuation: Treten wir gegen einen Konkurrenten an, dann
sind wir geneigt anzunehmen, wir würden das Spielge-
schehen beeinflussen. Weitere „Skill cues" sind: Wir müssen irgendeine Auswahl treffen (deren Ergebnis wir nicht
vorhersagen können) oder wir müssen irgendeine Handlung vollziehen – zum Beispiel auf Knöpfe drücken.

Auf den beruflichen Alltag übertragen hat die Kontrollillusion zwei Konsequenzen:

▸ Führungskräfte schreiben sich auch dann Erfolge zu,
  wenn sie selbst gar nichts dazu beigetragen haben (die
  entsprechenden „Skill cues" vorausgesetzt).

▸ Als Führungskraft können Sie Menschen mit ins Boot
  holen, indem Sie ihnen eine Beteiligung anbieten, auch
  wenn die keine realen Auswirkungen hat.

Die Kontrollillusion ist zwar eine Täuschung, doch eine, die
sehr nützlich ist. Wir halten uns für einflussreicher, als wir
es letztlich sind. Daher machen wir Pläne, engagieren uns

für Projekte, die wir für sinnvoll halten, und bleiben auch dann noch dabei, wenn uns die Sache längst entglitten ist. Würden wir uns klar machen, wie wenig Einfluss wir tatsächlich haben, so meint der kanadische Psychologe Albert Bandura, so wäre das „selbstbegrenzend". Und wir wären um eine beglückende Erfahrung ärmer. Denn es freut uns und motiviert uns für künftige Aufgaben, wenn wir das Gefühl haben: Dass ein bestimmtes Ergebnis herausgekommen ist, das ist maßgeblich uns zu verdanken.

## Das Spiegelbild: Die Entlastungsillusion

Nicht weniger nützlich ist jedoch die umgekehrte Vorstellung. Die Sache geht schief und wir reden uns ein: Also, an uns hat es zumindest nicht gelegen. Wir halten unseren Einfluss für gering, konnten uns mit unseren Vorstellungen nicht durchsetzen und haben vielleicht sogar noch Schlimmeres verhindert.

Zur Entlastungsillusion gehört auch die Einschätzung, ein unglücklicher Zufall hätte den Erfolg durchkreuzt. Oder es lag an der Unfähigkeit und moralischen Verkommenheit der anderen. In jedem Fall geht es darum, die Verantwortung für das Scheitern wegzuschieben. Und zwar gar nicht mal so sehr gegenüber anderen als gegenüber uns selbst.

Bei den anderen kommt es gar nicht gut an, Verantwortung abzustreiten. Die werden als Ausreden und Zeichen von Schwäche gedeutet. Und so kommt es zu dem merkwürdigen Verhalten, dass manche Führungskräfte in einem heroischen Akt die Verantwortung für etwas übernehmen, zu dem sie nach ihrer innersten Überzeugung nicht das Geringste beigetragen haben.

Die Verhältnisse liegen kompliziert, im Unterschied zur Kontrollillusion, die sich im Labor erzeugen lässt, ist es nicht möglich zu sagen, wie groß der eigene Beitrag „tatsächlich" gewesen ist. Das ändert nichts an der positiven Wirkung der Entlastungsillusion. Denn wir würden schnell unseren Mut verlieren, müssten wir uns für all das verantwortlich machen, was schief läuft.

## Dominanz und Status

Es gibt einen engen Zusammenhang zwischen Macht und Dominanz. Dominante Menschen wollen bestimmen, sie streben nach Macht und finden sich auch häufig in Machtpositionen. Und doch sollte man Macht und Dominanz unterscheiden. Und zwar aus drei Gründen:

▸ Dominanz ist ein situationsabhängiges Verhalten, das für die Durchsetzung des eigenen Willens nicht immer günstig ist.

▸ Es gibt Formen der Macht, bei denen dominantes Auftreten gerade vermieden wird.

▸ Überbordende Dominanz unterhöhlt auf längere Sicht die eigene Machtposition.

In bestimmten Situationen kann dominantes Auftreten hilfreich, ja geradezu geboten sein. Vor allem, wenn Ihre Autorität herausgefordert wird, müssen Sie dagegenhalten, um einen Statusverlust zu vermeiden. Bei anderen Gelegenheiten kann Sie Ihre Dominanz viele Sympathien kosten. Wer sich in einvernehmlichen Situationen dominant zeigt, zieht die geballte Abneigung der anderen auf sich.

Für die Festigung der eigenen Machtposition muss das nicht immer ein Nachteil sein. Denn Dominanz hat immer diese zwei Seiten: Sie erregt Aufmerksamkeit, Argwohn, Abneigung, vor allem bei Ihren Konkurrenten. Auf der anderen Seite verschafft sie Ihnen Respekt – zumindest wenn Sie sich durchsetzen.

Wie viel Dominanz geduldet wird, das hängt einmal von der Position des Betreffenden ab. Ein Mitarbeiter kann sich gegenüber seinem Vorgesetzten nur in Ausnahmefällen ein dominantes Auftreten herausnehmen. Sonst wird er zurechtgewiesen. Außerdem stößt es in manchen Organisationen auf Ablehnung und Widerstand, wenn sich jemand allzu dominant verhält. Dies gilt auch für die Vorgesetzten, denen im Allgemeinen ein gewisses Maß an Dominanz zugestanden wird.

Darüber hinaus sollte man sich darüber im Klaren sein, dass Dominanz Energie kostet. Eine Führungskraft, die viel bewirken will, wird sich daher überlegen, in welchen Situationen sie ihre Dominanz einsetzt und wo sie sich eher zurücknimmt.

## Müssen Führungskräfte dominant sein?

Dominante Menschen streben danach, Führungspositionen zu übernehmen. Allein deshalb sind unter den Führungskräften dominante Naturen keine Seltenheit. Zusätzlich begünstigt der berufliche Aufstieg, dass man seine dominante Seite häufig ausspielen muss und auf diese Weise nach und nach entwickelt.

Und doch ist es keineswegs so, dass Führungskräfte immer dominant sein *müssen*, um ihre Arbeit gut zu machen. Es gibt eine ganze Reihe von Führungskräften, die sich lieber zurücknehmen, die sich wohler fühlen in der Rolle desjenigen, der sich im Hintergrund hält und dort unauffällig die Fäden zieht. Ja, manche scheinen es nachgerade zu genießen, nach außen hin unscheinbar und bescheiden aufzutreten, die lieber abwarten, wer welche Vorschläge und Wünsche formuliert, um dann sachlich nüchtern die Anweisungen zu erteilen.

Andere verstehen sich als diejenigen, die allenfalls den Rahmen vorgeben. Sie sind dankbar für jeden Mitarbeiter, der sich dominant zeigt und das Heft in die Hand nimmt – auch wenn sie ihn bei Gelegenheit bremsen oder zurechtstutzen. Denn eines darf man als Führungskraft niemals riskieren: Von einem Mitarbeiter überspielt werden. Doch genau das kann passieren, wenn man die subtilen Signale nicht zu deuten versteht oder einfach nicht zur Kenntnis nimmt. Signale, die eine klare Botschaft verkünden: Ich stehe über dir.

## Wir bringen unseren Status zum Ausdruck

Wenn sich zwei Menschen begegnen, dann entscheidet sich in recht kurzer Zeit, wer in dieser Situation dominiert. Man könnte sagen, wir handeln aus, wer welche Rolle übernimmt. Schon die Art, wie wir auf jemanden zugehen, lässt erkennen, ob wir uns ihm eher unter- oder überordnen.

Unser Gegenüber kann diese Rollenverteilung akzeptieren und sich entsprechend verhalten, also sich beispielsweise unterordnen, wenn wir dominant auftreten. Er kann aber auch dagegenhalten und seinerseits einen höheren Status beanspruchen als wir. Darauf müssen wir reagieren: Ordnen wir uns ihm unter oder spielen wir weiter auf Dominanz?

Solange die Statusfrage nicht geklärt ist, fühlen sich beide Seiten unwohl. Dabei geschieht das Aushandeln des Status häufig, ohne dass es beiden Seiten bewusst wird. Man verhält sich dem anderen gegenüber so, wie man meint, dass es einem zukommt. Akzeptiert das unser Gegenüber nicht, haben wir ein Problem.

### Wer gibt den Ton an?

*Zeichnet man bei einer Begegnung die Stimmen auf und filtert alle Frequenzen über 500 Hertz heraus, so bleibt vom Klang der Stimme nur ein tiefes Summen übrig. Bei jeder Person klingt dieses Summen anders. Aber im Laufe der Begegnung schwingen sich beide auf einen gemeinsamen Ton ein – auf den Ton desjenigen, der dominiert.*

## Neue Situation – neuer Status

Nun ist eine Über- oder Unterordnung keineswegs für alle Ewigkeit zementiert. Vielmehr gilt sie in der betreffenden Situation. Tritt eine neue Situation ein, dann kann sich das Dominanzverhältnis umkehren. Daher versuchen manche Menschen, die sich in der unterlegenen Rolle wiederfinden, eine neue Situation herbeizuführen, in der sie dann dominieren.

> *Bluthochdruck*
>
> *Herr Heinroth erkundigt sich bei seinem Kollegen Herrn Fritzler nach dem Stand eines Projekts. Als derjenige, der den andern ausfragt, hat Herr Heinroth die dominante Rolle inne. Herr Fritzler gibt bereitwillig Auskunft, ordnet sich also unter. Anschließend erkundigt er sich nach der Gesundheit von Herrn Heinroth. Er weiß, dass dieser Probleme mit dem Blutdruck hat. Für Herrn Fritzler ein willkommener Anlass, sein medizinisches Wissen anzubringen und dadurch seinen Status zu erhöhen. Denn nun ist er derjenige, der das Sagen hat.*

Dabei ist es keineswegs so, dass jeder bestrebt ist, in allen Situationen die dominante Rolle zu ergattern. Vielmehr kann es ein sehr geschickter Schachzug des dominanten Partners sein, seinerseits eine neue Situation herbeizuführen, in der sein Gegenüber einmal dominieren darf. Auf diese Weise kann er seine Wertschätzung für den anderen zum Ausdruck bringen und das Verhältnis zu ihm verbessern.

Mit diesem Wechsel in der Dominanz muss kein Machtverlust verbunden sein. Vielmehr gesteht der eine dem anderen zu, in einem Bereich (der für ihn eher unwichtig ist) die Führung zu übernehmen. Ein solches Entgegenkommen kann den Machtanspruch in den wesentlichen Bereichen sogar festigen.

## Körpersprachliche Dominanzsignale

Bereits durch die Körperhaltung drücken wir aus, ob wir uns dem andern über- oder unterordnen. Der gesenkte

Blick, die hochgezogenen Schultern, die nach innen ge-
drehten Füße sind typische Demutsgesten. Wer hingegen
offen auf den anderen zugeht, seine Hand ergreift und
beim Händedruck die eigene Hand auch noch nach oben
kehrt, der gibt ein überdeutliches Dominanzsignal.

### Wenn Spitzenpolitiker sich begegnen

*Ein dankbares Studienobjekt sind Staatsbesuche. Beobach-
ten Sie mal: Wie geht der amerikanische Präsident auf die
deutsche Bundeskanzlerin zu? Wie vermeiden es klein-
wüchsige Politiker (noch dazu aus einem mächtigen Land)
nicht zu einem groß gewachsenen Kollegen aufschauen zu
müssen?*

Es gibt subtile Dominanzgebärden (zum Beispiel den Weg
zu weisen, das kann sehr charmant geschehen, doch die
Botschaft lautet: Ich zeige, wo es lang geht); andere Ges-
ten sind deutlicher (Hand auf die Schulter legen) und können regelrecht als Demütigung empfunden werden.

Dominanzgebärden sollen ein bestehendes Machtgefälle
zum Ausdruck bringen. Oder aber bei unklaren Verhältnis-
sen wird signalisiert: Ich will dominieren. Daher sind Dominanzgebärden mit einer gewissen Vorsicht zu gebrauchen.
Ihr Gegenüber könnte sich dadurch herausgefordert fühlen, Sie deutlich spüren zu lassen, dass es Ihnen keineswegs unterlegen ist.

### Verletzung der Distanzregeln

*In jeder Kultur gibt es Regeln, wie weit man Abstand zu
halten hat, wenn man mit jemandem nicht näher vertraut
ist. Wer diesen Abstand nicht einhält, verletzt regelrecht ein*

> *Tabu. Und doch ist es ein weit verbreitetes Dominanzverhalten, solche unterschwelligen Distanzregeln zu durchbrechen. Das Signal lautet: Ich kann es mir leisten, diese grundlegende Regel zu verletzen, ohne dass sich der andere dagegen wehrt.*

## Dominant im Gespräch

Mit der Körpersprache wird gewissermaßen das Fundament gelegt. Doch um Inhalte geht es erst im Gespräch. Auch ermöglicht das Gespräch, eine neue Situation herzustellen und damit die Dominanzverhältnisse womöglich umzukehren. Es gibt eine ganze Reihe von Möglichkeiten, im Gespräch Dominanz zu zeigen. Dabei kommt es erst in zweiter Linie auf den Inhalt der Aussage an. Denn Sie können den gleichen Sachverhalt dominant, neutral oder unterordnend formulieren.

### *Lob für die Chefin*

*Herr Hagedorn äußert sich anerkennend über die Abteilungsleiterin. Unterordnend: „Sie sind eine tolle Chefin. Wie Sie unsere Abteilung wieder auf Kurs gebracht haben." Neutral: „Unsere Abteilung hat zehn Prozent mehr Umsatz gemacht, seit Sie bei uns sind." Dominant: „Zehn Prozent mehr Umsatz im vergangenen Jahr. Als Sie bei uns anfingen, hätte ich Ihnen das wirklich nicht zugetraut."*

Wer sich unterordnet, nimmt sich zurück. Er reagiert, folgt den Anweisungen seines Gegenübers und spricht wenig von sich selbst – allenfalls, um sich zu rechtfertigen. Als dominanter Gesprächspartner tun Sie das Gegenteil.

▸ Sie äußern sich in der Ichform.

▸ Sie erteilen Anweisungen, wenn auch in der höflichen Form der Bitte oder der Nachfrage: „Herr Wagner, sind Sie so freundlich, das Protokoll zu führen?"

▸ Sie richten Fragen an Ihre Gesprächspartner und bohren weiter nach, wenn die Antwort Sie nicht zufriedenstellt: „Worum geht es bei der Sache? Das habe ich noch nicht verstanden."

▸ Sie geben Kommentare und Bewertungen ab. Auch ein Lob ist ein Zeichen von Dominanz: „Das haben Sie sehr gut gemacht, Frau Wagner."

▸ Sie erzählen Geschichten, möglichst von sich. Eines der wirksamsten Dominanzsignale, vor allem im beruflichen Kontext.

Das Geschichtenerzählen sollten Sie nicht als kuriosen Nebenaspekt abtun. Tatsächlich können Sie die Machtverteilung in einer Gruppe zuverlässig daran ablesen, wer Geschichten erzählen *darf*. Dominante Gruppenteilnehmer muten den anderen ausführliche und zuweilen pointenlose Geschichten zu. Sie werden nur von einem Gruppenteilnehmer unterbrochen, der sich noch höher positionieren möchte.

## Dominant im Meeting

Es wäre ein Irrtum anzunehmen, eine Führungskraft sollte möglichst durchgängig den dominanten Part übernehmen. Erstens ist das außerordentlich kräftezehrend, zweitens machen Sie sich damit unbeliebt und drittens erfahren Sie

auch weniger von den anderen, solange Sie den Ton angeben. Erfahrene Führungskräfte halten sich daher bei einem
Meeting oft erst einmal zurück. Ja, gerade wenn ein
Machtgefälle besteht, Sie die Person sind, auf die es hier
ankommt und alle Teilnehmer gespannt darauf warten,
wie der Chef wohl reagieren wird, welche Richtung er
wohl einschlagen wird – verweigern Sie regelrecht die
dominante Rolle. „Macht ihr mal", lautet die Botschaft zu
Beginn.

Ein solches Verhalten hat eine Reihe von Vorteilen: Sie
können sich in aller Ruhe ein Bild machen und schonen
Ihre Kräfte. Wer sich ständig zu Wort meldet, wirkt un-
sympathisch und gängelt die andern. „Der Chef hat heute
wieder monologisiert", ist ein vernichtendes Urteil über
Ihre Führungsqualitäten bei einem Meeting.

Schließlich aber ist es so, dass die entscheidenden Worte
bei einem Tagesordnungspunkt fast immer gegen Ende
fallen. Es ist taktisch einfach ungeschickt, gleich zu Anfang
sein Pulver zu verschießen. Denn das wichtigste Statement
kommt am Schluss – und es sollte Ihnen gehören.

Nicht auszudenken, wenn sich ein Konkurrent zu Wort
meldet, um die abschließenden Worte zu beanspruchen.
Und Sie befinden sich in der Defensive, weil Sie ja schon
die ganze Zeit geredet haben.

> **!** Ausnahme von dieser hilfreichen Regel: Ein Diskussi-
> onsteilnehmer schlägt gleich zu Anfang einen Pflock
> an einer Stelle ein, die Ihnen überhaupt nicht passt.
> Dann sollten Sie sich zu Wort melden, damit die Dis-
> kussion nicht an diesem Punkt einrastet.

## Teilnehmer souverän ignorieren

Vermutlich werden Sie nicht bei jedem Meeting die Alpha-position besetzen, sondern es dann und wann mit Teilnehmern zu tun bekommen, deren Status über dem Ihren liegt. In diesem Fall können Sie Ihre Position am ehesten behaupten, wenn Sie die vorhandene Hierarchie beachten. Das heißt: Teilnehmern, die einen hohen Status haben, ordnen Sie sich unter. Wer einen niedrigeren oder vergleichbaren Status einnimmt, den ignorieren Sie nach Möglichkeit. Es ist ein weitverbreiteter taktischer Fehler, die Wortmeldung eines Konkurrenten aufzugreifen und kritisch zu kommentieren. Dadurch stellen Sie sich mit ihm auf eine Stufe. Und Sie gewinnen meist nichts. Außer, dass sehr wohl registriert wird, dass Sie Ihren Konkurrenten schlecht machen.

Weit wirksamer ist es, die Wortmeldung einfach zu übergehen. Und wenn auch der Statushöchste sie nicht aufgreift, haben Sie Ihr Ziel erreicht. Weniger dominant kann man nicht sein, als wenn die eigenen Äußerungen keinerlei Echo finden.

## Wie reagieren auf Dominanzsignale?

Sofern Dominanzsignale die Machtverteilung in der betreffenden Situation korrekt wiedergeben, besteht kein Anlass, sich dagegen zu wehren. Im Gegenteil, wenn Sie zum Ausdruck bringen, dass Sie „mitspielen" (also sich in der betreffenden Situation „unterordnen"), vereinfachen Sie den weiteren Umgang ganz erheblich.

Es bedeutet keineswegs, dass Sie sich dem anderen unterwerfen und darauf verzichten, Ihren Willen durchzusetzen. In vielen Situationen ist es einfach ein Gebot der Höflichkeit, den anderen dominieren zu lassen. Beispielsweise wenn Sie irgendwo zu Gast sind, zeugt es von wenig Respekt, wenn Sie Ihren Gastgeber mit Dominanzsignalen überraschen.

Halten Sie das Dominanzsignal Ihres Gegenübers für unangemessen, so gibt es ein bewährtes Mittel, von dem auch Politiker hin und wieder Gebrauch machen: Sie ignorieren das Signal einfach, Sie gehen darüber hinweg und tun so, als hätten Sie es gar nicht wahrgenommen. Und dann könnten Sie Ihrerseits ein Dominanzsignal geben und abwarten, wie der andere darauf reagiert.

Sie können ein unangemessenes Dominanzsignal aber auch offen zurückweisen. Zeigen Sie sich befremdet oder auch empört, derart „respektlos" behandelt zu werden. Eine solche Reaktion ist beispielsweise angebracht, wenn Sie provoziert werden sollen. Lassen Sie es sich gefallen, von dem Mitarbeiter dominiert zu werden, dürften Sie es künftig schwer haben, sich Respekt zu verschaffen.

> **!** Ein Dominanzsignal offen zurückzuweisen ist eine schwere Demütigung für den anderen. Tun Sie dies daher nur, wenn es offensichtlich unangebracht ist.

# Misstrauen und Macht

Unter Mitarbeitern ist das eine oft gehörte Klage: Ihre Vorgesetzten sind misstrauisch. Und je höher sie in der Hierarchie stehen, desto ausgeprägter scheint ihr Misstrauen zu sein. Dabei könnte der Vorgesetzte nur davon profitieren, wenn er seinen Mitarbeitern mehr vertrauen würde, wird gerne behauptet. Vertrauen gilt nämlich als eine Art Wundermittel, als Investition in die Fähigkeiten der Mitarbeiter, eine Investition, die sich in aller Regel auszahlt. Denn Mitarbeiter engagieren sich besonders stark, wenn ihnen vertraut wird, während Misstrauen ihre Leistungsfähigkeit beschneidet.

Da ist ganz sicher etwas dran. Und doch greift die Ermunterung zu mehr Vertrauen aus psychologischer Sicht zu kurz. Denn das Misstrauen ist keineswegs das Ergebnis einer individuellen Entscheidung. Sondern es erwächst mit einer gewissen Zwangsläufigkeit aus den Erfahrungen, die man macht, wenn man sich in einem Unternehmen gegenüber anderen durchsetzt, ihnen gegenüber dominiert und Karriere macht.

## Karrierestufen zu mehr Misstrauen

Die österreichischen Organisationsexperten Johannes Lehner und Walter Ötsch haben beispielhaft beschrieben, wie die Erfahrung von Dominanz argwöhnisch macht und Misstrauen sät. Am Anfang steht ein angenehmes Gefühl von Macht, Stärke und Überlegenheit. Man genießt die Freiheiten, die man sich nimmt, bekommt trotz unvermeidlicher

Rückschläge überwiegend positives Feedback. Das macht einen selbstbewusster und stärkt die Durchsetzungskraft.

Allerdings setzt relativ bald eine bedenkliche Entwicklung ein, die in aller Regel viel zu spät bemerkt und beklagt wird: Je stärker die Position der Führungskraft wird, je dominanter sie auftritt, desto weniger wagt es jemand, ihr zu widersprechen oder Kritik an ihr zu üben.

Dadurch wird die Führungskraft in ihrer eigenen Wahrnehmung nur noch bestätigt, Gedanken und Gefühle von anderen spielen immer weniger eine Rolle. Je mehr Macht und Einfluss jemand erreicht, desto weniger kümmert er sich um die Befindlichkeiten der anderen, hat sie herausgefunden.

Doch ist die Entwicklung noch nicht abgeschlossen. Wer niemanden mehr hat, der einem offen die Meinung zu sagen wagt, dem fehlt das Gegenüber, der gleichberechtigte Vertraute, der einen auf den Boden der Tatsachen zurückbringt.

Nicht wenige Führungskräfte bemerken, dass sie langsam die Bodenhaftung verlieren. Ein authentisches Feedback ist nicht mehr zu bekommen. Sie fühlen sich verstrickt in ein Netz von verlogener Schmeichelei auf der einen Seite sowie Neid und Missgunst auf der anderen Seite. Denn selbstverständlich wissen sie nur zu gut, dass ihre Konkurrenten nur ein Ziel haben: Sie scheitern zu sehen.

Das Ergebnis ist Misstrauen. Wie sollte es auch anders sein? Dabei holen viele Führungskräfte auf einer hohen Karrierestufe die Selbstzweifel ein: Bin ich wirklich so überaus fähig, wie mir mein unkritisches Umfeld signalisiert? Werde ich nicht von ihnen benutzt? Projizieren diese Leute nicht die absurdesten Erwartungen in mich hinein? Und: Habe ich nicht allen etwas vorgemacht? Solche Selbstzweifel sind weit verbreitet, sie lassen sich kaum auflösen – und schon gar nicht durch die Empfehlung, mehr Vertrauen zu schenken.

## Auf den Punkt gebracht

Führungskräfte müssen mit Macht und Dominanz umgehen können, um ihren Willen durchzusetzen. Dabei ist es erforderlich, auch den andern Macht und Dominanz zuzugestehen.

# Konflikte managen

Überall, wo Menschen zusammentreffen, gibt es hin und wieder Konflikte, Streitereien, Reibereien. Das muss nicht in jedem Fall negativ sein, denn häufig sind es gerade Konflikte, die uns weiterbringen und zu einer Verbesserung führen. Denn sie machen uns darauf aufmerksam, dass etwas nicht stimmt und verändert werden muss. Wo hingegen allzu viel Harmonie herrscht, da kommt es nicht selten zu Stillstand und Lähmung.

Und doch haben Konflikte in der Arbeitswelt oftmals verheerende Auswirkungen. Das Wohlbefinden der Mitarbeiter leidet, anstatt zusammenzuarbeiten, richten sie nun ihre Energie gegeneinander. Ihre Leistung sinkt dramatisch ab, nicht nur, weil ihnen die Arbeit keine Freude mehr macht, sondern auch, weil ein Teil ihrer Leistung von der „Gegenseite" wieder zunichte gemacht wird.

Hinzu kommt, dass Konflikte unterschätzt werden und sich Führungskräfte lieber heraushalten, wenn sie merken, dass zwei ihrer Mitarbeiter nicht gut miteinander auskommen.

### Erwachsene Menschen

*Herr Redmann kommt mit seinem neuen Kollegen nicht gut zurecht. Der nimmt ihn nicht ernst. Hilfesuchend wendet er sich an seinen Chef. Doch der blockt ab: „Macht das unter euch aus, ihr seid doch erwachsene Menschen."*

Eine solche Haltung wird der Verantwortung nicht gerecht, die Führungskräfte für ihre Mitarbeiter haben. Zwar können Sie den Konflikt nicht für Ihre Mitarbeiter auflösen.

Doch können Sie als Führungskraft sehr viel dafür tun, dass der Konflikt in geordneten Bahnen verläuft und beide Seiten ihn schließlich beilegen. Dazu ist es hilfreich, die psychologischen Grundlagen von Konflikten zu kennen und sich mit den wichtigsten Regeln des Konfliktmanagements vertraut zu machen. Darüber hinaus sind die folgenden Informationen auch nützlich, um eigene Konflikte zu regeln.

## Konflikte haben „weiche Grenzen"

Ein wichtiges Merkmal von Konflikten ist ihre Tendenz, auszuufern. Es fällt schwer, die Auseinandersetzung zu begrenzen. So kommt es häufig vor, dass ein Konflikt ganz harmlos anfängt. Zum Beispiel, wenn ein Mitarbeiter versehentlich seinen Kaffee verschüttet – ausgerechnet auf den Unterlagen seines Kollegen. Oder eine Mitarbeiterin klagt darüber, dass ihre Kollegin immer so früh geht oder ihren Mantel an den falschen Garderobenhaken hängt.

Aus solchen Lappalien können wahre „Kriege am Arbeitsplatz" entstehen. Denn immer neue Sachverhalte und Themen werden in den Konflikt mit hineingezogen. Oft wissen die Beteiligten nach kurzer Zeit nicht mehr, worüber sie eigentlich genau streiten. Oder vielmehr haben sie darüber unterschiedliche Auffassungen. Sicher ist nur eines: Der Andere hat angefangen.

## Jeder hat seine eigene „Wahrheit"

Wer einen Konflikt schlichten will, sieht sich von Anfang an mit einer Schwierigkeit konfrontiert: Jede Konfliktpartei hat ihre ganz eigene Sicht der Dinge. Und zwar nicht, weil sie es mit der Wahrheit nicht genau nimmt, sondern weil ein und dasselbe Vorkommnis von zwei Menschen ganz unterschiedlich bewertet wird. „Real" ist es für beide Seiten. Daher sollten Sie zwei Fehler vermeiden:

▸ Machen Sie sich nicht die Bewertung der einen Seite zueigen. Sonst fühlt sich die andere Seite unverstanden und benachteiligt.

▸ Halten Sie sich nicht damit auf zu klären, was „wirklich" vorgefallen ist und wer „schuld" daran ist, dass es zum Konflikt gekommen ist.

### Der Kollege von Herrn Redmann

*Bleiben wir beim Beispiel von Herrn Redmann (S. 86): Dass ihn sein neuer Kollege nicht ernst nimmt, ist seine Sicht der Dinge. Für den Kollegen selbst stellt sich die Sache ganz anders dar. Er empfindet sich selbst als Opfer. Von Anfang an sei Herr Redmann gegen ihn gewesen. Seine höfliche Bitte, ihm verschiedene Dinge zu erklären, habe Redmann schroff zurückgewiesen. Wenn er ihn nur anspreche, bekomme er jedes Mal eine rüde Abfuhr. Herr Redmann sei so ein Typ, der gerne andere kritisiere, aber selbst überempfindlich reagiere. So seien auch die Vorwürfe gegen ihn völlig überzogen.*

Beide Konfliktparteien bewerten die gleichen Ereignisse vollkommen anders. Das eigene Verhalten erscheint verständlich, folgerichtig, konsequent, das der Gegenseite zumindest seltsam oder ungeschickt, wenn nicht bösartig und hinterhältig. Für die eigenen Fehler gibt es immer eine einleuchtende Erklärung, die der Gegenseite sind unverzeihlich.

## „Einfach mal drüber reden" kann Konflikte verschärfen

Dass die eine Seite die Dinge ganz anders auffasst als die andere, dafür gibt es gute Gründe. Beide nehmen die Tatsachen aus ihrer Perspektive wahr und deuten sie entsprechend. Das ist ihre jeweilige „Wahrheit". Keiner lügt und dennoch klaffen ihre Darstellungen auseinander.

Genau dieses Phänomen kann den Konflikt noch verstärken. Wenn nämlich die Gegenseite ihre Sicht der Dinge so ganz anders darlegt, so gerät die eigene Sicht in Gefahr. Das, was die eine Seite für wahr hält, steht in Widerspruch zu dem, was die Gegenseite behauptet.

In so einem Fall kann es fatal sein, wenn beide Seiten aufeinander losgelassen werden, um über den Konflikt „einfach mal zu reden". Solange jeder darauf besteht, dass nur seine Sicht der Dinge gültig ist, kann es keine Einigung geben. Vielmehr verhärten sich die Fronten, beide Seiten fühlen sich in ihrer Ablehnung bestätigt.

Wenn Sie als Vorgesetzter dabeisitzen, kann sich die Auseinandersetzung noch weiter zuspitzen: Beide Seiten versuchen Sie davon zu überzeugen, dass ihre Sicht richtig ist. Sie sollen womöglich „entscheiden", wer Recht hat. Auch wenn manchmal die Versuchung groß ist – lassen Sie sich nicht in diese Rolle hineindrängen.

## Beide Seiten können ihren Konflikt lösen, ohne ihn zu „klären"

Wenn wir einen Konflikt lösen wollen, neigen wir dazu, erst einmal den Ursachen nachzugehen. Wir glauben, wir müssten uns mit der Gegenseite genau darüber verständigen, bevor wir darüber nachdenken, wie eine Lösung aussehen könnte. Doch das ist ein Irrtum. Denn nur selten wird es der einen Seite gelingen, mit der Gegenseite Übereinstimmung zu erzielen.

Aber darauf kommt es auch gar nicht an. Ihre Mitarbeiter können ihren Konflikt beilegen, auch wenn sie ganz verschiedener Ansicht sind, wie die Sache abgelaufen ist und wer an welchen Dingen die Schuld trägt. Im Gegenteil: Oftmals wird eine Lösung des Konflikts genau dadurch befördert, dass man diese Fragen ausklammert.

 Andersherum gilt: Sie haben den Konflikt nicht schon dadurch gelöst, indem Sie ihn schlüssig erklärt haben.

# Die drei Stufen des Konflikts

Bei Konflikten lassen sich drei Eskalationsstufen unterscheiden. Für die Beteiligten ist es sehr einfach, den Konflikt auf eine höhere Stufe zu verlagern. Ihn hingegen wieder auf eine niedrigere Stufe zu bringen ist viel schwieriger, manchmal sogar unmöglich. Eine Beilegung des Konflikts erfordert von Stufe zu Stufe größere Anstrengungen. Anders gesagt: Je früher sich die Beteiligten verständigen, desto einfacher ist es für sie.

## 1. Stufe: Sich einigen

Auf der untersten Stufe geht es noch um die Sache. Auch wenn mitunter hitzig gestritten wird, so geht es doch darum, den Anderen zu überzeugen und zu einer guten Lösung zu kommen. Nicht immer wird sachlich und fair argumentiert, doch haben Provokationen in erster Linie den Sinn, die Gegenseite endlich „zur Vernunft zu bringen" – auch wenn oftmals das Gegenteil erreicht wird.

Auf dieser Stufe können die Beteiligten ihren Konflikt noch selbst aus der Welt schaffen. Ja, sie sollten es sogar tun. Ein unbeteiligter Dritter könnte die Einigung nur unnötig kompliziert machen, wenn er sich von außen einmischt.

Können sich aber die Beteiligten nicht einigen, ist es schon jetzt ratsam, einen Schlichter einzuschalten. Denn sonst wird der Konflikt nach kurzer Zeit die zweite Stufe erreichen. Und dann verlangt eine Einigung allen Beteiligten weit mehr Energie ab.

> Werden Sie Zeuge, dass zwei Mitarbeiter einen Konflikt miteinander haben, sollten Sie sich nicht aufdrängen, aber Hilfe anbieten: „Können Sie sich einigen oder brauchen Sie meine Unterstützung?"

## 2. Stufe: Sich durchsetzen

Auf der zweiten Stufe suchen die Parteien keine Einigung mehr. Die Gegenseite wird vielmehr zum Gegner erklärt. Ziel ist nunmehr: Der Gegner muss verlieren, ich muss gewinnen.

Dadurch ändert sich auch die Wahl der Mittel. Die Auseinandersetzung wird härter geführt. Es ist jedes Mittel recht, das dem Anderen schadet und dadurch meinen Interessen dient. Die Gegenseite soll erkennen, dass ich stärker bin, und endlich aufgeben.

Aus eigener Kraft ist eine Einigung kaum noch möglich. Allenfalls setzt sich die eine Seite durch, weil die andere kapituliert. Häufiger kommt es jedoch zu einem Scheinfrieden. Die eine Seite gibt nach, die andere glaubt, sie habe „gewonnen". Dabei sammelt die unterlegene Seite ihre Kräfte neu, um irgendwann zurückzuschlagen.

Um solche zerstörerischen Auseinandersetzungen zu vermeiden, sollte ein Vermittler eingeschaltet werden, der von beiden Seiten akzeptiert wird. Das kann der Vorgesetzte sein – er muss es aber nicht. Oftmals ist es besser, wenn jemand die Vermittlerrolle übernimmt, der zu beiden Seiten ein völlig neutrales Verhältnis hat. Als Vorgesetzter sollten Sie vor allem dann nicht selbst die Vermittlung übernehmen, wenn Ihr Verhältnis zu einer der beiden Parteien belastet ist.

### Der Justiziar als Schlichter

*Im Marketing gibt es heftigen Streit zwischen Frau Richter und Herrn Lauterbach. Die Marketingleiterin hat selbst gerade Probleme mit Frau Richter und bittet daher Dr. Kon-*

> *rad, den Justiziar des Unternehmens, um Hilfe. Dr. Konrad*
> *genießt wegen seiner ausgleichenden Art im gesamten Un-*
> *ternehmen hohe Wertschätzung.*

## 3. Stufe: Den anderen vernichten

Auf der letzten Stufe geht es nicht mehr um Sieg oder Niederlage, sondern nur noch darum, dem anderen zu schaden. Das heißt in den meisten Fällen: ihn mit in den Abgrund zu reißen. Konfliktparteien, die auf dieser Stufe angelangt sind, verstoßen bewusst und vorsätzlich gegen eigene Interessen. Eine Einigung ist nicht mehr denkbar. Auch eine dritte Seite kann kaum noch vermittelnd eingreifen. Der Konflikt muss gewissermaßen „ausbrennen".

> Ist der Konflikt auf der dritten Stufe angelangt, hilft nur noch ein Mittel: Die Parteien müssen getrennt werden.

## Konfliktfenster

Konflikte kosten Kraft, rauben Energie, die nicht mehr für die „eigentlichen" Aufgaben zu Verfügung steht. Je heftiger die Auseinandersetzungen, desto mehr Energie wird den Beteiligten abverlangt. Im Verlaufe eines Konflikts gibt es daher immer wieder Phasen der Erschöpfung. In solchen Phasen öffnet sich gewissermaßen ein Fenster. Für eine begrenzte Dauer scheint es möglich, aus dem Konflikt herauszutreten. Allerdings müssen beide Parteien zugleich die Bereitschaft dazu aufbringen.

# Interessens- oder Beziehungskonflikt?

Es lassen sich zwei Arten von Konflikten unterscheiden: Der Interessens- und der Beziehungskonflikt. Beim Interessenskonflikt prallen zwei widerstreitende Interessen aufeinander: Herr Gellner will heute nicht die Post durchsehen, Frau Timpe will das auch nicht. Also bekommen sie Streit darüber, wer das tun soll. Ihr Streit kann zum Dauerbrenner werden und/oder sich ausweiten. Im Kern geht es aber um die Frage: Wer soll die Post durchschauen? Können sie sich darüber einigen, haben sie ihren Konflikt beigelegt.

Anders beim Beziehungskonflikt. Hier geht es gar nicht um die Sache, sondern um die Person. Wenn es also Herrn Gellner im Grunde egal ist, ob er die Post durchsehen muss, er aber Frau Timpe nicht leiden kann und eigentlich nur einen Anlass sucht, um mit ihr Krach zu bekommen.

In der Praxis ist es allerdings nicht ganz einfach, einen Beziehungskonflikt gleich zu erkennen. Denn Beziehungskonflikte brauchen sozusagen ein Vehikel, einen sachlichen Anlass, man könnte auch sagen: einen Vorwand. Gerade im beruflichen Umfeld kann man sich kaum auf seine persönliche Abneigung berufen. Die Kollegen müssen miteinander auskommen; aber auch der Vorgesetzte kann seine Antipathien gegen den einen oder anderen Mitarbeiter haben. Also suchen manche regelrecht Streit.

Auf der anderen Seite steckt nicht hinter jeder Kritik, die ungerechtfertigt erscheint, gleich ein Beziehungskonflikt. Es spielt schlechte Laune mit hinein, jemand kann sich nicht gut ausdrücken, ist undiplomatisch und schlägt daher einen rüden Ton an. Oder aber es steckt eine „umgeleitete Aggression" hinter dem Angriff.

## Die „umgeleitete Aggression"

Aus der Verhaltensforschung kennen wir das Phänomen der „umgeleiteten Aggression". Erleidet jemand eine Niederlage oder wird gedemütigt, so richtet er seine Aggressionen nicht gegen den Angreifer. Sonst könnte er eine noch größere Niederlage erleiden. Um sich seelisch wieder „aufzubauen", geht er vielmehr auf einen unbeteiligten Dritten los.

Das Opfer rechnet nicht mit einem Angriff, für den es aus seiner Sicht keinen Anlass gibt. Die persönliche Beziehung zum Angreifer wird extrem belastet. Dabei hat der „eigentlich" persönlich gar nichts gegen sein Opfer. Er möchte ja nur seine eigene Niederlage verwinden und etwas Selbstbewusstsein tanken. Daher hält er sich an Schwächere oder jemanden, den er mit einem Angriff überrumpeln kann.

> Dulden Sie in Ihrer Abteilung keine „umgeleiteten Aggressionen". Sie vergiften das Betriebsklima. **!**

## Der Interessenskonflikt - Wie gehen Sie vor?

Was Sie als Schlichter unternehmen, wird uns gleich noch beschäftigen. Sind Sie selbst betroffen: Suchen Sie die Verständigung mit der Gegenseite. Notfalls über einen neutralen Dritten, der durchaus auch auf derselben Hierarchieebene stehen kann wie Sie. Konzentrieren Sie sich auf die eigentliche Streitfrage. Überlegen Sie vorher: Worum geht es? Was sind Ihre Interessen? Welche Interessen verfolgt die Gegenseite? Was ist Ihnen am wichtigsten? Woran liegt der Gegenseite am meisten? Wo würden Sie auf keinen Fall nachgeben? Wo wären Sie zu Kompromissen bereit?

Die Bereitschaft nachzugeben verbessert Ihre Position, denn Sie können dadurch viel beweglicher verhandeln, als wenn Sie in fast allen Punkten vorher festgelegt sind. Dass Sie zu einem Kompromiss bereit sind, heißt ja noch nicht, dass Sie ihn auch notwendigerweise schließen müssen.

Unterbinden Sie jeden Versuch, andere Themen in die Auseinandersetzung mit hineinzuziehen. Wenn Sie mit einem Kollegen über das Budget oder den Urlaubsplan streiten, dann geht es nicht darum, wer der Fleißigere von Ihnen ist oder überhaupt der bessere Mensch. Nageln Sie die Gegenseite immer wieder auf das eigentliche Thema fest.

Zeigen Sie sich gesprächsbereit, doch suchen Sie nicht die Einigung um jeden Preis. Manchmal ist es besser, Sie erzielen keine Einigung. Nicht zuletzt, weil Sie dadurch später vielleicht eine bessere Einigung erreichen.

## Beziehungskonflikt – wie gehen Sie vor?

Viel schwieriger ist es, einen Konflikt beizulegen, der sich auf der „persönlichen Ebene" abspielt. Manchmal stimmt einfach die Chemie nicht, manchmal hat sich ein Interessenskonflikt zu einem Beziehungskonflikt ausgeweitet. Im Privatleben könnten sich die Konfliktparteien aus dem Weg

gehen, wenn sie nicht miteinander auskommen. Im Berufsleben ist das kaum möglich.

Irgendwie müssen sich die Konfliktparteien arrangieren.
Aber genau das ist schwierig, wenn die Beziehung belastet
ist. Und doch ist es möglich. Sind Sie selbst in den Konflikt
verwickelt, überlegen Sie: Was stört Sie eigentlich an dem
anderen? Wie müsste sich sein Verhalten ändern, damit es
für Sie akzeptabel wäre? Was müssten Sie für ihn tun?

Gehen Sie von der konkreten Situation aus, die Sie als
belastend empfinden. Für diese Situationen müssen Sie
eine Vereinbarung treffen. Dabei sind kleine Schritte schon
sehr viel wert, denn Sie müssen sich darüber klar sein, dass
Sie den anderen nicht verändern können, sondern allenfalls
sein Verhalten. Wenn die Beziehung zu stark belastet ist,
sollten Sie eine möglichst neutrale Instanz um Vermittlung
bitten.

## Konflikte lösen von innen nach außen

Im Arbeitsalltag verläuft eine sinnvolle Konfliktlösung meist
von innen nach außen. Zunächst beschäftigen sich nur die
unmittelbaren Betroffenen mit dem Problem. Sind Sie
selbst verwickelt, suchen Sie das Gespräch mit der Gegenseite. Führt dies nicht zum Erfolg, erweitern Sie nach und
nach den Kreis derjenigen, die Sie um Rat und Unterstüt
zung bitten: Sprechen Sie erst mit unbeteiligten Kollegen,
dann mit Ihrem Vorgesetzten, wenden Sie sich anschließend an eine übergeordnete Stelle im Unternehmen, an
eine interne Beratungs- oder Beschwerdestelle.

Kommen Sie intern nicht weiter, sollten Sie darüber nachdenken, ob Sie nicht Hilfe von außen in Anspruch nehmen.
Dabei sollten Sie sich keinen Illusionen hingeben: Wenn Sie
im Unternehmen den Konflikt nicht lösen können, werden
Sie ihn höchstwahrscheinlich außerhalb des Unternehmens
lösen müssen. Anders gesagt: Sie sollten das Unternehmen
verlassen, wenn Sie dort keinerlei Unterstützung bekommen.

Dies gilt natürlich nur für schwerwiegende Konflikte und
nicht für Beziehungen, bei denen es immer wieder mal zu
Reibereien kommt. Allerdings neigen Mitarbeiter und Führungskräfte dazu, die destruktive Kraft von anhaltenden
Konflikten zu unterschätzen. Irgendwann stellen die Beteiligten fest, dass sie ausgebrannt und zermürbt sind. Daher
sollten schwelende Konflikte nicht toleriert werden.

## Wann Sie sich als Führungskraft einmischen sollten

Grundsätzlich gilt, dass Sie sich nicht in einen Konflikt
hineinziehen lassen sollten. Dadurch kann die Auseinandersetzung eskalieren; außerdem könnten Sie später fest-
stellen, dass die eine Seite Sie instrumentalisiert hat. Dann
ist aber das Verhältnis zur Gegenseite bereits stark belastet.

Und doch dürfen Sie sich aus den Konflikten Ihrer Mitarbeiter nicht heraushalten. Zwar müssen die Beteiligten selbst
eine Lösung finden. Aber als Führungskraft haben Sie die
Aufgabe, sie dabei zu unterstützen. Zudem haben Sie allen
Mitarbeitern gegenüber eine Fürsorgepflicht. Und die kann
es nötig machen, dass Sie sich einmischen.

▸ Als Führungskraft dürfen Sie es nicht dulden, dass Ihre Mitarbeiter respektlos miteinander umgehen.

▸ Wann immer Sie den Eindruck haben, dass sich ein stärkerer Mitarbeiter auf Kosten eines schwächeren Kollegen zu profilieren versucht, sollten Sie ihn zur Rede stellen.

Dass Mitarbeiter ein Problem miteinander haben, können Sie nicht verhindern. Sie können aber darauf bestehen, dass die Umgangsformen beachtet werden: Keine Beleidigungen, kein Lächerlichmachen, keine lautstarke Auseinandersetzung.

### Zwölf Regeln zur Konfliktlösung:

Falls Sie selbst von einem Konflikt betroffen sind, können Ihnen die folgenden Regeln weiterhelfen, den Streit zu entschärfen und beizulegen.

1. Versuchen Sie, den Kern des Konflikts zu finden: Worum geht es ganz genau?

2. Betrachten Sie die Dinge mit den Augen der Gegenseite. Überlegen Sie, was der Andere wirklich will.

3. Unterbinden Sie jeden Versuch, den Konflikt ausufern zu lassen. Begeben Sie sich nicht auf „Nebenkriegsschauplätze".

4. Diskutieren Sie nicht darüber, wer „angefangen" hat oder wer woran die Schuld trägt.

5. Denken Sie über eine mögliche Lösung nach: Was müsste geschehen? Wie können Sie das erreichen?

6. Versuchen Sie niemals, die Gegenseite zu ändern.

7. Verhandeln Sie! Doch erst, wenn Sie sich über zwei Fragen im Klaren sind: Was ist Ihr Interesse? Was geschieht, wenn es zu keiner Einigung kommt?

8. Zeigen Sie Verständnis für den Standpunkt der Gegenseite. Aber fordern Sie auch Verständnis für Ihren Standpunkt.

9. Kommen Sie der Gegenseite von sich aus in irgendeinem Detail entgegen. Eine kleine Geste kann viel bewirken.

10. Wenn es zu keiner Einigung kommt: Lassen Sie nie den Gesprächsfaden abreißen.

11. Wenn Sie alleine nicht weiterkommen: Schalten Sie einen Vermittler ein. Oder fordern Sie von Ihrem direkten Vorgesetzten Hilfe.

12. Verrennen Sie sich nicht in den Konflikt. Schaffen Sie sich Alternativen. Dadurch können Sie Ihre Situation erheblich verbessern.

## Sieben Regeln, um Konflikte zu schlichten

Ergänzend zu den eben genannten Regeln, die Sie bei jedem Konflikt beachten sollten, in den Sie selbst verwickelt sind, folgen nun sieben Grundregeln, die Ihnen helfen, einen Konflikt zu schlichten. Denn durch eine fehlgeschlagene Schlichtung kann ein Konflikt weiter eskalieren.

## Grundregel 1: Bleiben Sie neutral

Sehr oft versuchen beide Seiten, für ihre Position Zustimmung von Ihnen zu bekommen. Das ist zwar verständlich, doch müssen Sie aufpassen, sich nicht in den Konflikt hineinziehen zu lassen. Bewerten Sie nicht. Auch wenn Ihnen das Verhalten der einen Seite sehr kritikwürdig erscheint und das Anliegen der anderen sehr berechtigt.

Gerade am Anfang wollen die Konfliktparteien häufig den neutralen Dritten überzeugen, um so den Konflikt zu „gewinnen". Das geht jedoch nicht.

Halten Sie sich erst einmal zurück. Nicht Sie entscheiden den Konflikt, sondern die Konfliktparteien sollen sich einigen. Weil sie das nicht von alleine fertig bringen, helfen Sie ihnen dabei.

## Grundregel 2: Reden Sie erst getrennt mit beiden Seiten

Als Vermittler brauchen Sie das Vertrauen von beiden Seiten. Daher empfiehlt es sich zunächst, mit jeder Konfliktpartei einzeln zu sprechen. Am Anfang wollen beide Seiten nämlich oft erst einmal „Dampf ablassen". Um den Konflikt nicht weiter anzuheizen, ist es besser, wenn die Gegenseite nicht dabei ist.

Auch wenn die andere Konfliktpartei ja nicht zuhört, müssen Sie aufpassen, nicht Partei zu ergreifen. Sie können zwar „Verständnis" äußern, sollten jedoch niemals selbst Position beziehen. Sonst setzen Sie Ihre ganzen Bemühungen aufs Spiel, denn es wäre verheerend, wenn Sie später eine Seite auf eine bestimmte Position „festnageln" würde.

## Grundregel 3: Klären Sie, worum es überhaupt geht

Konflikte haben die Tendenz auszuufern. Oftmals geht es um ein unentwirrbares Knäuel von Streitigkeiten. Sie sollten daher im Einzelgespräch klären, worum es jeder Seite genau geht. Vielleicht zeigt es sich, dass beide Seiten unterschiedliche Auffassungen darüber haben, um was überhaupt gestritten wird. Geht es um mehrere Themen, so sollten Sie festlegen, welches als erstes geklärt werden soll. Die Beschränkung auf einen Punkt ist sehr wichtig, denn die Parteien können nicht drei, vier, fünf Konflikte auf einmal lösen.

Hat jede Seite einen anderen Hauptpunkt, sollten Sie anbieten, beide Themen unmittelbar nacheinander zu behandeln. Dies schafft eine Trennung, schließt aber nicht aus, dass die eine Seite der anderen bei Frage A entgegenkommt, wenn sie sich bei Frage B kompromissbereit zeigt.

## Grundregel 4: Achten Sie darauf, dass die Spielregeln eingehalten werden

In der Sache müssen Sie neutral bleiben. Umso stärker sind Sie in der Pflicht, darauf zu achten, dass beide Seiten die „Spielregeln" einhalten. Unverzichtbar sind drei Punkte:

▸ Niemand wird beleidigt.

▸ Niemand wird unterbrochen.

▸ Es wird nur über das Thema geredet; Abschweifungen werden nicht geduldet.

Darüber hinaus können die Parteien noch weitere „Spielregeln" vereinbaren. Verstößt eine Seite gegen die Regeln, sollten Sie sofort einschreiten. Höflich, aber bestimmt fordern Sie den Betreffenden auf, das zu unterlassen. Auch wenn es sich um die (vermeintliche) „Opferseite" handelt und Sie die Reaktion sogar verstehen können, sollten Sie eingreifen. Sonst setzen Sie die Schlichtung des Konflikts aufs Spiel.

## Grundregel 5: Versuchen Sie nicht, den Konflikt für die anderen zu lösen

Eine große Gefahr, gerade dann, wenn Sie auf beiden Seiten großes Vertrauen genießen: Die Konfliktparteien bitten Sie, Ihnen zu sagen, wie sie ihr Problem lösen sollen. Das funktioniert jedoch nicht. Denn der Konflikt spielt sich zwischen zwei *anderen* Personen ab. Was Ihnen als annehmbarer Kompromiss erscheint, empfindet die eine Seite vielleicht als unzumutbar, während die andere Seite vielleicht zu Zugeständnissen bereit ist, die Sie ihr nie abverlangen würden. Denken Sie daran: Es ist nicht Ihr Konflikt.

Manchmal ist es sehr schwer, diese Regel einzuhalten. Weil Sie „schon kommen sehen", wie sich die Dinge entwickeln werden. Sogar wenn Sie Recht behalten, bringt es gar nichts für die anderen, das Problem zu lösen. Das heißt ja nicht, dass es verboten wäre, Anregungen zu geben.

## Grundregel 6: Kümmern Sie sich nicht um das Problem, sondern um die Lösung

Viele Einigungen scheitern daran, dass man sich nicht darauf verständigen kann, was „objektiv" vorgefallen ist. Hat Herr Pfiffner Frau Laux nun angebrüllt oder nicht? Beide Seiten sind sehr stark daran interessiert, „Recht zu behalten". Das macht die Auseinandersetzung so quälend und letztlich auch fruchtlos.

Natürlich kann man nicht davon absehen, was geschehen ist. Doch gibt es darüber mindestens zwei höchst abweichende Ansichten. Beide Ansichten sollten zu ihrem Recht kommen.

Doch für die Beilegung des Konflikts spielt es keine Rolle, was „tatsächlich" geschehen ist. Kümmern Sie sich daher lieber um die Frage: Was müsste in Zukunft geschehen, damit beide Parteien zufrieden sind? Wie stellen sie sich eine Lösung vor?

## Grundregel 7: Empfinden beide Seiten die Lösung als fair?

Kommt es zu einer Einigung, muss sichergestellt sein, dass sich beide Seiten damit anfreunden können. Als Vermittler sollten Sie keine Seite drängen, endlich zuzustimmen. Faule Kompromisse bringen gar nichts. Dann lieber weiterverhandeln.

Im Prinzip ist es Sache der Konfliktparteien, was sie vereinbaren. Allerdings sollten Sie dezent darauf hinweisen, wenn die Vereinbarungen zu wolkig oder einfach unrealistisch sind.

Solche Vereinbarungen sorgen eher für neue Konflikte. Klare, nachprüfbare Regelungen sind die beste Lösung. Ebenso sollten sich die Konfliktparteien darauf verständigen, was geschieht, wenn sich eine Seite nicht an die Vereinbarung hält.

**Auf den Punkt gebracht**

Konflikte wahrnehmen und schlichten ist Führungsaufgabe. Dabei können Sie die Konflikte nicht für die Beteiligten „lösen", sondern sie nur dabei unterstützen, ihren Konflikt beizulegen. Dies geschieht nicht, indem aufgeklärt wird, was „tatsächlich" geschehen ist, sondern wie man künftig miteinander auskommt.

# Die Psychologie der Gruppe

In der modernen Arbeitswelt ist Gruppenarbeit recht häufig. Einer alleine scheint kaum in der Lage, die immer komplexeren Aufgaben zu meistern. Vielmehr muss er sich mit anderen abstimmen und seine besonderen Fähigkeiten im Interesse des großen Ganzen zur Geltung bringen. Nicht ohne Grund gilt Teamfähigkeit als herausragende Anforderung, was die „Soft Skills" betrifft.

In einem gewissen Widerspruch dazu stehen die Forschungsergebnisse der Sozialpsychologie, die darauf hindeuten, dass Gruppenarbeit oftmals weniger effizient ist, als die Tätigkeit der viel gescholtenen „Einzelkämpfer". Und die Ergebnisse des Teamworks fallen häufig ebenfalls magerer aus.

Das bedeutet jedoch keineswegs, dass man auf Gruppenarbeit verzichten sollte. Vielmehr ist es ein deutlicher Hinweis darauf, dass Teamarbeit kein Selbstläufer ist, sondern mit Sinn und Verstand gemanagt werden muss. Die Sozialpsychologie kann hier einige Anregungen geben.

## Der Ringelmann-Effekt

Am Anfang steht ein bemerkenswertes Experiment, das der französische Agronom Max Ringelmann Ende des 19. Jahrhunderts unternahm: Er ließ seine Versuchspersonen allein, zu zweit, zu dritt und in größeren Gruppen an einem Tau ziehen und maß, wie viel Kraft jeder einzelne dafür aufwendete. Dabei stieß Ringelmann auf einen interessanten Zusammenhang: Je größer die Gruppe war, umso weniger Kraft ließ sich auf den einzelnen umrechnen: Wenn zwei Leute an dem Tau zogen, leistete jeder von ihnen im Durchschnitt nur noch 93 Prozent von dem, was er allein schaffte, bei dreien waren es 85 Prozent und so weiter, bis zu acht Personen, von denen jeder gerade einmal die Hälfte der Leistung eines Einzelkämpfers erbrachte.

Nun geht es in der heutigen Arbeitswelt selten um den Einsatz der puren Körperkraft; doch den „Ringelmann-Effekt" hat man auch bei anderen Aufgaben nachweisen können. In aller Kürze besagt er: Je größer eine Gruppe ist, umso geringer ist die Arbeitsleistung jedes Gruppenmitglieds.

## Koordinationsverluste in der Gruppe

Schon Ringelmann dachte über die Ursachen dieses Effekts nach. Seiner Ansicht nach lag es gar nicht so sehr daran, dass sich seine Versuchspersonen immer weniger anstrengten, je mehr mit ihnen an einem Strang zogen. Vielmehr meinte er, es sei für die Gruppe mit zunehmender Größe immer schwieriger, die gemeinsame Kraftanstrengung aufeinander abzustimmen, sie zu synchronisieren.

Damit hatte Ringelmann einen wichtigen Faktor benannt, der bei der Gruppenarbeit die Leistung der Mitglieder beeinträchtigt: Mit der Größe der Gruppe nimmt der Aufwand zu, ihre Aktivitäten zu koordinieren. Und weil dies niemals „reibungslos" vonstatten geht, kommt es zu so genannten „Koordinationsverlusten": Die Leistung der Gruppe fällt schwächer aus, weil sich die Mitglieder ungenügend abstimmen, aber auch, weil die Abstimmung selbst sehr viel Energie schluckt – bei nicht körperlichen Aktivitäten dürfte dieser Effekt eher noch größer ausfallen als beim Tauziehen.

## Drei Motivationshemmnisse für Gruppenarbeit

Die Arbeit in der Gruppe sei motivierender, weil nicht jeder allein vor sich hinwerkeln müsse, sondern sich die Mitarbeiter gegenseitig zu Höchstleistungen anstacheln könnten. So die gern gehegte Illusion. Tatsächlich kann Gruppenarbeit sehr quälend und demotivierend sein. Und das liegt keineswegs an der mangelnden „Teamfähigkeit" der Mitarbeiter, sondern an der unzureichenden Kenntnis des Managements, wie Gruppenarbeit funktioniert.

So kennt die Sozialpsychologie drei Motivationshemmnisse für Gruppenarbeit:

▸ Soziales Faulenzen („social loafing"): Die Gruppenmitglieder strengen sich weniger an, weil ihr Beitrag zum Gesamtergebnis nicht identifizierbar ist.

▸ Trittbrettfahren („free riding"): Die Mitglieder strengen sich weniger an, weil ihr Beitrag auf das Gesamtergebnis gar keinen Einfluss zu haben scheint.

▸ Trotteleffekt („sucker effect"): Die Leistungsträger haben wenig Lust sich anzustrengen, weil sich die andern auf sie verlassen. Sie wollen sich nicht „zum Trottel machen", damit unfähige Kollegen davon profitieren.

Alles in allem kommt es auf die Art der Aufgabe an, inwiefern diese Effekte zum Tragen kommen. So kann man nach dem Psychologen Ivan Steiner unterscheiden zwischen additiven, disjunktiven und konjunktiven Teamaufgaben. Also Aufgaben,

▶ bei denen die Leistungen der Mitglieder zusammengenommen wird (additiv: z.B. Brainstorming).

▶ bei denen die Leistung des besten Mitglieds entscheidet (disjunktiv, z.B. Problemlösen, Entscheidung formulieren).

▶ bei denen die Leistung des schwächsten Mitglieds entscheidet (konjunktiv, z.B. Bergsteigen, Präzisionsarbeit).

So werden sich die leistungsschwächeren Mitglieder bei disjunktiven Aufgaben stark zurückhalten, weil sie ohnehin kaum Einfluss ausüben werden. Zugleich greift hier der „Trotteleffekt", da sich die leistungsstarken Mitglieder ausgenutzt fühlen. Das entscheidende Kriterium, um die schwächelnde Motivation zu stärken heißt: Zurechenbarkeit der Leistungen.

> Wer den einzelnen Beitrag auf Kosten des „Teamgedankens" nicht würdigt, demotiviert die Gruppe: die leistungsstarken und die –schwachen Teilnehmer.

# Drei Motivationsverstärker für Gruppenarbeit

Nun ist der Gedanke ja nicht falsch, dass die Arbeit in der Gruppe auch besondere Anreize bieten kann. Die dürfen allerdings nicht einem vermeintlichen „Teamgedanken" geopfert werden. Vielmehr wirken, wenigstens in unserem Kulturkreis, drei Faktoren leistungsfördernd: Der Beitrag sollte dem betreffenden Mitarbeiter auch tatsächlich zuzurechnen sein. Zugleich aber sollten sich die Mitarbeiter der betreffenden Gruppe zugehörig fühlen, sie sollten sie als *ihre* Gruppe betrachten. Und vielleicht am wichtigsten: Die Gruppenziele müssen für die Mitarbeiter bedeutsam sein.

Auf dieser Grundlage lassen sich drei Motivationsverstärker für die Teamarbeit benennen:

▸ Sozialer Wettbewerb: Ist der persönliche Beitrag identifizierbar, strengen sich die Gruppenmitglieder besonders an, um andere Mitglieder zu übertreffen. Die Dynamik ist besonders ausgeprägt, wenn sich die Mitglieder auf einem vergleichbaren Niveau befinden.

▸ Soziale Kompensation: Die stärkeren Mitglieder strengen sich besonders an, um die Defizite der schwächeren Kollegen auszugleichen.

▸ Köhler-Effekt: Die schwächeren Mitglieder engagieren sich mehr als gewöhnlich, um zu vermeiden, dass sie für ein schlechtes Abschneiden des Teams verantwortlich gemacht werden.

Welcher der drei Motivationsverstärker ins Spiel gebracht werden kann, hängt von der Art der Aufgabe ab: So greift der Köhler-Effekt vor allem bei konjunktiven Aufgaben, bei denen also die schwächsten Mitglieder die Gruppe zurückwerfen, während der soziale Wettbewerb am stärksten bei disjunktiven Aufgaben zum Tragen kommt. Und soziale Kompensation kann am ehesten bei additiven Aufgaben erwartet werden.

> Stimmen Sie die Anreize bei der Gruppenarbeit auf die
> Art der Aufgabe ab.

# Hidden Profile-Aufgaben

Ein wichtiges Argument für Gruppenarbeit lautet: Sie ermöglicht es, gemeinsam Lösungen zu entwickeln, auf die
ein Einzelner nicht kommen kann. Denn auch der kompe-
tenteste Mitarbeiter verfügt nur über einen Bruchteil des
Wissens, das einem Team zu Verfügung steht.

Das lässt sich kaum bestreiten. Und doch gelangt in der
Praxis das Team keineswegs immer zu besseren Lösungen.
Meist bleibt es weit unter seinen Möglichkeiten, nämlich
das vorhandene Wissen auszuschöpfen und zu einer
schlüssigen Lösung zusammenzuführen. Wie dies in Einzelnen vonstatten geht, haben Studien zu sogenannten „Hidden Profile" Aufgaben untersucht.

### Hidden-Profile

*Unter einem „Hidden Profile" versteht man eine Entschei-
dungssituation, bei der relevante Informationen unter den
Mitgliedern der Gruppe verteilt sind. Eine optimale Lösung
kann nur gefunden werden, wenn das verteilte Wissen zu-
sammengeführt wird*

Zunächst einmal zeigt sich, dass es die meisten Gruppen
nicht schaffen, „Hidden-Profile"-Aufgaben zu lösen. Sie
gaben sich mit schlechteren Lösungen zufrieden. In der
Regel handelte es sich um Lösungen, die einzelnen Grup-

penmitgliedern als optimal erschienen. Ein Austausch und gemeinsames Erarbeiten einer besseren Lösung fand nicht statt. Nach Ansicht der Sozialpsychologen liegt dies an drei unterschiedlichen Ursachen:

▸ Gruppen verhandeln über bestehende Ansichten, anstatt sich auszutauschen.

▸ Gruppen beschäftigen sich länger mit Informationen, die viele Mitglieder teilen, als mit solchen, die für viele neu sind.

▸ Gruppen halten Informationen für glaubwürdiger und relevanter, wenn viele Mitglieder sie teilen.

## Der Verhandlungsfokus

Häufig bringen die Mitglieder ihre bestehenden Ansichten in die Gruppenarbeit ein. Sie tauschen Argumente aus, um die anderen von ihrer Sicht der Dinge zu überzeugen. Starke Gruppenmitglieder setzen sich durch und bewirken, dass sich andere ihnen anschließen. Es werden gerade nicht Informationen ausgetauscht, um auf dieser Grundlage die beste Lösung zu erarbeiten. Daher sind die Ergebnisse der Gruppenarbeit oftmals nicht besser als die des kompetentesten oder durchsetzungsstärksten Gruppenmitglieds.

## Die Verzerrung der Diskussion

Oftmals fallen die wichtigen Informationen, die den meisten Gruppenmitgliedern fehlen, ganz unter den Tisch. Doch sogar wenn sie geäußert werden, finden sie weniger

Aufmerksamkeit. Das liegt daran, dass Gruppenmitglieder vor allem Informationen einbringen, von denen sie annehmen, dass die anderen sie teilen. Stehen Äußerungen von anderen im Einklang mit ihrer eigenen Einschätzung, so wiederholen sie die entsprechenden Informationen, die dadurch mehr Gewicht bekommen.

Dieses Verfahren hat durchaus auch Vorteile. So wird zum Beispiel vermieden, dass Ausnahmefälle, die ein einzelner Mitarbeiter beobachtet hat, zu großes Gewicht erhalten. Aber der Nachteil besteht darin, dass man bei „Hidden-Profile"-Aufgaben wichtige Informationen vernachlässigt und deshalb zu keiner guten Lösung kommt.

Verstärkt wird diese Tendenz dadurch, wie üblicherweise in Teams diskutiert wird: Die Teilnehmer erklären, warum sie den einen Vorschlag für besser halten als den anderen. Sie sehen es nicht als ihre Aufgabe, Informationen zu sammeln und eine neue Lösung zu entwickeln.

## Die Verzerrung der Bewertung

Die Gruppenmitglieder halten Informationen für zuverlässiger und wichtiger, wenn viele sie bestätigen. Auch darin kann ein Vorteil liegen. Denn die Wahrscheinlichkeit, dass mehrere Mitglieder unabhängig voneinander einer Fehlinformation aufsitzen, ist geringer, als wenn die Information nur aus einer Quelle stammt. Und doch bleibt die Gruppe in vielen Fällen unter ihren Möglichkeiten, weil Wissen, das in der Gruppe vorhanden ist, nicht genutzt wird.

## Die Konsensfalle

Die Lösung einer „Hidden-Profile"-Aufgabe ist besonders schwierig, wenn unter den Gruppenmitgliedern weitgehend Konsens herrscht. Wenn alle ohnehin eine bestimmte Alternative bevorzugen, dann wird gar nicht weiter diskutiert. Dabei würde die Sammlung aller Informationen dazu führen, dass die Gruppe erkennt: Eine andere Lösung ist noch besser. Eben darin besteht ja die „Hidden-Profile"-Konstellation.

Gruppen, in denen weniger Einigkeit herrscht, diskutieren den Fall und tauschen ihre Argumente aus. Auf diese Weise kommen die nötigen Informationen eher zur Sprache und die Wahrscheinlichkeit nimmt zu, das „verborgene Profil" doch noch zu entdecken.

### *Alfred Sloan lässt weiterdiskutieren*

*Ein gutes Gespür für den negativen Einfluss zu großer Einigkeit besaß der legendäre Chef von General Motors Alfred Sloan Jr. Auf einer Versammlung, auf der rasch Übereinstimmung hergestellt war, sagte Sloan: „Meine Herren, soweit ich sehe, sind wir uns über diese Entscheidung alle vollkommen einig. Ich schlage daher vor, dass wir die Diskussion über die Angelegenheit bis zu unserer nächsten Zusammenkunft vertagen, damit wir Zeit haben, Uneinigkeit zu entwickeln, und vielleicht Verständnis dafür gewinnen, worum es bei der Entscheidung eigentlich geht."*

# Wie Sie Gruppenarbeit verbessern können

Es gibt eine ganze Reihe von Überlegungen, wie sich die geschilderten Probleme zumindest abmildern lassen und wie die Vorzüge von Gruppenarbeit überhaupt besser zur Geltung kommen können.

## Die Zusammenstellung des Teams

Wer an der Gruppenarbeit teilnehmen sollte, das hängt zunächst von der Art der Aufgabe ab. Zu große Leistungsunterschiede können demotivieren, zu „Trotteleffekten" oder Trittbrettfahren oder sozialem Faulenzen führen. Auf der andern Seite sollten sich die Mitglieder auch nicht zu ähnlich sein. Zum einen sind die Kompetenzgewinne gering (im Vergleich zur Einzelarbeit), zum andern droht die Gefahr des „Groupthink", von dem gleich noch die Rede sein wird.

Im Idealfall ergänzen sich die Kompetenzen, es ist für ausreichende Vielfalt gesorgt und die Gruppenmitglieder sind in der Lage, ihr unterschiedliches Wissen und ihre unterschiedlichen Fähigkeiten zusammenzuführen.

## Gruppenentscheidungen organisieren

Um „Hidden-Profile"-Aufgaben zu lösen, empfiehlt es sich, die Diskussionen in der Gruppe anders zu organisieren. Eine Möglichkeit besteht darin, den Entscheidungsprozess aufzuteilen in eine Phase der Informationssammlung und eine Phase der Bewertung. Das heißt, erst wenn alle Informationen auf dem Tisch liegen, darf bewertet und dann entschieden werden. Auch kann es helfen, wenn die Gruppenmitglieder über die Schwierigkeiten der „Hidden-Profile"-Aufgaben informiert werden und eher danach streben, ihre ursprüngliche Position mit Wissen anzureichern als möglichst viel davon „durchzubringen".

Eine zweite Methode, die bei wichtigen Pro-Kontra-Entscheidungen eingesetzt wird: Die Gruppe wird in zwei Untergruppen aufgeteilt. Jeder Gruppe wird willkürlich eine bestimmte Position zugewiesen. Die muss sie begründen. Auf diese Weise wird unabhängig von der tatsächlichen Position eine kontroverse Diskussion in Gang gesetzt. Die Teilnehmer suchen aktiv nach neuen Argumenten und bringen alles vor, was ihnen irgendwie relevant erscheint.

Dadurch entkommt die Gruppe der „Konsensfalle". Außerdem riskiert niemand, der eine abweichende Meinung vertritt, von den andern abgestraft zu werden, denn er spielt ja nur „seine Rolle".

Eine dritte Methode: Innerhalb der Gruppe werden einzelne Mitglieder zu „Experten" für bestimmte Themenfelder erklärt. Selbstverständlich müssen sie in diesem Bereich auch kompetent sein. Der Gedanke ist: Diese Experten übernehmen für ihr Spezialwissen die Verantwortung. Andere Gruppenmitglieder können dieses Spezialwissen gezielt abrufen und ihre eigene Position verändern.

## Teams miteinander lernen lassen

Für das schlechte Abschneiden der Gruppen bei den sozialpsychologischen Experimenten gab es einen nicht unerheblichen Grund: Die Teilnehmer kannten sich vorher nicht, es handelte sich eben nicht um ein „eingespieltes Team", wie es uns im Arbeitsalltag häufig begegnet. Nun haben auch und gerade eingespielte Teams bestimmte Gefahren zu meistern. Doch darf ein Aspekt bei der Teamarbeit nicht aus den Augen verloren werden: Die Gruppenmitglieder lernen dazu.

Sie lernen voneinander. Beispielsweise können sie sich durch die gemeinsame Arbeit bestimmte Kniffe voneinander abschauen. Zugleich aber lernen die Teilnehmer durch die Gruppenarbeit etwas über die Gruppe hinzu. Das Team sammelt seine Erfahrungen: Was hat gut funktioniert? Wo gibt es Defizite?

Ein solches Gruppenlernen bildet sich vor allem dann heraus, wenn die Mitglieder im Wesentlichen dieselben bleiben. Und wenn die Gruppe immer wieder ähnliche Aufgaben übertragen bekommt. Wird sie stets mit neuen Aufgaben konfrontiert, kann sich schlechterdings kein Lerneffekt ergeben.

## Die Groupthink-Falle

Vor allem gut eingespielte und hochkarätig besetzte Teams laufen Gefahr, in die „Groupthink"-Falle zu geraten. Damit ist gemeint, dass sich die Gruppe von äußeren Einflüssen abschottet, die Mitglieder in ihrem Denken auf eine gemeinsame Linie einschwenken, keine Abweichung dulden und in der Folge mitunter katastrophale Fehlentscheidungen treffen, die ihnen als Einzelperson wohl nie unterlaufen wären.

Den Begriff „Groupthink" hat der amerikanische Psychologe Irving Janis geprägt. Janis hatte beobachtet, dass gerade solche Gruppen zu undurchdachten und wirklichkeitsfremden Entscheidungen neigen, die sich selbst für außerordentlich kompetent und moralisch überlegen halten.

### Invasion in der Schweinebucht 1962

*Als klassisches Beispiel für Groupthink gilt die fehlgeschlagene Invasion in der Schweinebucht von Kuba 1962. Präsident Kennedy verfügte über einen exzellenten Beraterstab von Fachleuten, die ihm zu einer abenteuerlichen Militäroperation mit Exilkubanern rieten. Kennedy lernte aus diesem Fehlschlag. Während der Kubakrise wurde systematisch versucht, Effekte von Groupthink auszuschalten.*

## Wie Groupthink entsteht

Die Sozialpsychologie hat eine ganze Reihe von Faktoren ausgemacht, die Groupthink – oder Entscheidungsautismus – begünstigen. Gefährdet sind vor allem Gruppen, die schon eine Weile bestehen, die ein starkes Zusammengehörigkeitsgefühl verbindet, deren Mitglieder relativ homogen sind und die dazu neigen, Entscheidungen schnell und möglichst ohne Erörterung herbeizuführen.

Als weitere Faktoren gelten:

▸ Hohe Reputation: Die Gruppe hält sich für sehr kompetent, genießt aber auch bei anderen einen guten Ruf. Vorangegangene Erfolge machen sie gegen Kritik von außen immun.

▸ Zeitdruck: Die Gruppe kann oder will es sich nicht leisten, lange herumzureden. Es muss schnell eine Entscheidung fallen.

▸ Das Gefühl moralischer Überlegenheit: Die Mitglieder halten sich nicht nur für fachlich kompetent, sondern auch für moralisch integer. Sie sind überzeugt, auf der Seite des Guten zu stehen; ihre Gegner werden moralisch abqualifiziert.

▸ Harmonienorm: Es gilt als erstrebenswert, dass alle der Entscheidung zustimmen. Kritiker werden unter Druck gesetzt, sich der Gruppenentscheidung anzuschließen. Wer sich dem verweigert, stellt sich außerhalb der Gruppe.

▸ Autoritäten und „Denkwächter": In der Gruppe gibt es eine oder mehrere Persönlichkeiten, über deren Urteil sich niemand ohne weiteres hinwegsetzen kann.

▸ Über Entscheidungen wird möglichst früh schon mal „probehalber" abgestimmt. Alternativen, die in diesem Stadium abgelehnt werden, haben kaum noch eine Chance realisiert zu werden – auch wenn später alles für sie spricht.

## Groupthink im Entscheidungsprozess

Der Psychologe Stefan Schulz-Hardt hat beschrieben, in welchen Phasen des Entscheidungsprozesses sich Groupthink bemerkbar macht. Demnach beginnen die bedenklichen Tendenzen bereits bei der Identifizierung des Problems. So betrachtet die Gruppe überhaupt nur solche Fragen als entscheidungsrelevant, die ihr liegen. Wird sie mit

anderen Problemen konfrontiert, werden diese wegge-
schoben, für unwichtig erklärt oder schlicht geleugnet.

Schon relativ früh zeichnet sich ab, in welche Richtung die
Entscheidung gehen wird. Autoritäten und „Denkwächter"
äußern sich anerkennend oder abwertend über bestimmte
Optionen. Dadurch bekommen einzelne Optionen sehr viel
schlechtere Chancen. Sie werden nicht ausreichend ausge-
arbeitet und schnell fallen gelassen, sobald sich Schwierigkeiten abzeichnen. Die Einschätzung: Es lohnt sich ja ohnehin nicht, hier viel Energie zu investieren.

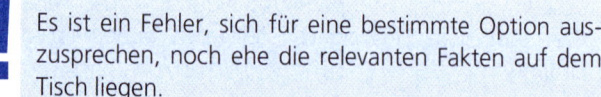

Es ist ein Fehler, sich für eine bestimmte Option aus-
zusprechen, noch ehe die relevanten Fakten auf dem
Tisch liegen.

Weitere Alternativen werden nur selten in Betracht gezogen, sobald sich abzeichnet, dass eine Option bevorzugt
wird. Es scheint alles auf diese eine Lösung hinauszulaufen.
Die Gruppenmitglieder suchen nach weiteren Argumenten
für die Option, die ohnehin favorisiert wird. Dadurch er-
werben sie sich in der Gruppe Anerkennung, während
Mitglieder, die Einwände formulieren, als „Bedenkenträger" abqualifiziert werden. Die Bedenken selbst werden
nicht weiter erörtert.

Optionen, die ohnehin favorisiert werden, bekommen
durch Groupthink zusätzlich Unterstützung.

Geht es darum, die Optionen zu bewerten, kommen vor allem die Argumente für die bereits bevorzugte Lösung zum Tragen. Alternativen werden vorschnell verworfen, auch, weil die Gruppe über zu wenige Informationen verfügt. Sie zu beschaffen, wird gar nicht erst in Betracht gezogen.

In großer Einmütigkeit wird die Entscheidung getroffen, wobei die Einmütigkeit selbst als Bestätigung für die Richtigkeit der Entscheidung herhalten muss. Sie wird nicht weiter hinterfragt. Tauchen bei der Umsetzung der Entscheidung erste Schwierigkeiten auf, so trifft dies die Gruppe völlig unvorbereitet. Dass die Lösung, die von den Experten in so großer Übereinstimmung getroffen wurde, scheitern könnte, ist in den Planungen nicht vorgesehen. Es gibt auch keine „Was wäre wenn?"-Überlegungen, falls das eine oder andere unerfreuliche Ereignis eintritt.

Zu guter Letzt findet keine ausreichende Erfolgskontrolle statt. Die Ergebnisse werden beschönigt. Wer auf Probleme aufmerksam macht, gilt als „Miesmacher". Die Gruppe konzentriert ausschließlich auf „Erfolgsmeldungen". Kritik von außen wird mit dem Argument abgewehrt, die Betreffenden seien nicht kompetent genug.

Ziel der Erfolgskontrolle unter Groupthink: Gründe finden, um so weiterzumachen wie bisher.

# Wie sich Groupthink verhindern lässt

Für Unternehmen, ja für alle Organisation stellt Groupthink eine erhebliche Gefahr dar. Denn die Bedingungen, die Groupthink begünstigen, sind häufig gegeben. Die entscheidungsrelevanten Gruppen und Gremien sind relativ homogen, streben stark nach Konsens und stehen meist unter einem enormen Zeitdruck.

Erschwerend kommt hinzu, dass die Verantwortlichen überzeugt sind, alles genau richtig zu machen: Wer, wenn nicht die Besten, die Experten, sollten wichtige Entscheidungen treffen? Und wenn sie sich auch noch einig sind in ihrer Einschätzung, was zu tun ist, dann kann eigentlich nicht viel passieren, möchte man meinen. Dabei ist genau diese Annahme Teil des Problems. Und es ist schon viel gewonnen, wenn sich Führungskräfte überhaupt erst darüber klar werden, dass es diese Effekte gibt und man dagegen angehen muss.

> Führungskräfte sollten die Bedingungen verändern, die Groupthink begünstigen.

## Stärken Sie die Vielfalt in der Gruppe

Homogene Gruppen neigen weit eher zu Groupthink. Insofern kann es hilfreich sein, Menschen mit einem unterschiedlichen Hintergrund und unterschiedlichen Fähigkeiten zusammenzubringen. Dabei muss man sich darüber im Klaren sein, dass Vielfalt auch ihren Preis hat. Die Verständigung klappt nicht so reibungslos, womöglich gibt es

Missverständnisse. Und man muss erst eine gemeinsame Sprache finden. Auf der anderen Seite verhindert gerade diese „schwierige" Verständigung, dass sich Groupthink ausbilden kann. Weiterhin kann es den Entscheidungsprozess bereichern, wenn andere Sichtweisen und Kompetenzen einbezogen werden.

Und doch wird es immer eine Gratwanderung sein, wie heterogen eine Gruppe sein soll. Ist die Gruppe zu heterogen, droht sie auseinanderzufallen. Und die Arbeitsfähigkeit leidet. Es kommt also darauf an, das rechte Maß zwischen Homogenität und Heterogenität zu finden.

## Verhindern Sie, dass sich die Gruppe abschottet

Eine relativ homogene Gruppe kann dem Groupthink entgehen, wenn sie sich nicht abschottet, sondern Kontakt nach außen hält. So können beispielsweise Personen aus anderen Abteilungen oder außerhalb der Organisation als Berater herangezogen werden. Auch ist es oftmals hilfreich, mit Vertretern der „Gegenseite" das Gespräch zu suchen: Mit den Kunden, den Zulieferern oder auch den Anwohnern (wenn die von einer Entscheidung betroffen sind). Deren Sicht der Dinge kann die Entscheidung erheblich bereichern – auch wenn die Entscheidung nicht so ausfällt, wie es sich die „Gegenseite" erhofft.

## Vermeiden Sie jede Vorentscheidung

Es ist ein vielfach bestätigter Effekt: Sobald sich jemand aus der Gruppe auch nur vorläufig und unverbindlich für oder gegen eine bestimmte Option ausspricht, hat das Auswirkungen auf die spätere Entscheidung – und zwar häufig keine guten. Dies gilt im besonderen Maße, wenn es sich um ein einflussreiches Gruppenmitglied handelt. Und die pflegen es ja auch zu sein, die sich vor der eigentlichen Entscheidung zu äußern pflegen.

Aber auch, wenn die Gruppe als Ganze eine vorläufige Entscheidung trifft, werden spätere Informationen untergewichtet, die diese Entscheidung in Frage stellen. Daher: Lassen Sie erst entscheiden, wenn die Gruppe über ausreichend Informationen verfügt.

## Teilen Sie die Gruppe

Ein weiteres Mittel gegen Groupthink besteht darin, das Team zu teilen. Das bietet sich vor allem bei großen Gruppen an. Jede Teilgruppe erarbeitet ihre Lösung, ehe gemeinsam die Entscheidung getroffen wird. Die Idee dabei: Es wird verhindert, dass sich eine Option als alternativlos herausbildet, wie das ja beim Groupthink der Fall ist. Allein wenn sich die Gesamtgruppe mit einem zweiten Vorschlag ernsthaft auseinandersetzen muss, kommt das der Qualität der Entscheidung zugute.

## Fördern Sie Dissens

Ein Ratschlag, der in der Praxis oft gar nicht so leicht umzusetzen ist, weil er auch persönliche Empfindlichkeiten treffen kann. Und doch: Gruppen, die ausdrücklich nicht nach Konsens streben, sondern Widerspruch zulassen, ja sogar fördern, treffen bessere Entscheidungen.

Allerdings sollte man dabei nicht so naiv vorgehen und die Teilnehmer auffordern, freimütig Kritik an den Vorschlägen der andern zu üben. So etwas kann zu persönlichen Spannungen führen. Denn derjenige, dessen Vorschlag da in Grund und Boden kritisiert wird, wird nicht davon absehen können, wer da Kritik übt.

Und fast schon fahrlässig ist es, wenn der Vorgesetzte seine Mitarbeiter auffordert, seine eigenen Vorschläge zu kritisieren. Sogar wenn er von den besten Absichten getrieben wird, die Kritik wird ihm nicht gefallen, ja womöglich sogar kränken. Erfahrene Mitarbeiter ergreifen daher niemals das Wort, wenn man sie dazu auffordert, den Vorgesetzten zu kritisieren.

Das Problem lässt sich folgendermaßen beträchtlich entschärfen:

▸ Die Gruppe wird geteilt. Eine Seite bekommt die Rolle zugewiesen, den Vorschlag zu verteidigen, die andere muss ihn kritisieren. Danach lassen sich die Rollen tauschen.

▸ Einem Gruppenmitglied wird die Rolle des „Advocatus diaboli" zugewiesen. Seine Aufgabe besteht darin, alle Einwände vorzubringen, die sich finden lassen.

▸ Ist eine Minderheit anderer Meinung, wird das zugelassen. Es wird keine Einstimmigkeit, kein Konsens angestrebt. Die Mehrheit entscheidet. Der Dissens bleibt bestehen, die Gruppe kann damit leben.

Sogar wenn der Vorschlag der Minderheit falsch ist, wird die Qualität der Gruppenentscheidung erheblich verbessert, wenn dieser Vorschlag ernsthaft erörtert wird.

---

**Auf den Punkt gebracht**

Aufgaben lassen sich in der Gruppe nicht immer besser lösen als in Einzelarbeit. Der Sozialpsychologe Dieter Frey hat es so formuliert: Um ein Kreuzworträtsel zu erstellen, ist Einzelarbeit effizienter. Um es zu lösen, ist Gruppenarbeit überlegen.